新工科·普通高等教育汽车类系列教材

汽车共享概论

主编 都雪静
参编 王占宇 张美欧 李长威

机械工业出版社

本书详细阐述了共享汽车的相关概念、发展模式，包括共享汽车发展的核心技术、商业模式、保险理赔、法律法规以及典型案例等。全书共 7 章，主要内容包括共享经济的概念与发展、共享汽车的起源与发展现状、共享汽车的用户分析、共享汽车的模式与策略、共享汽车的事故与保险、共享汽车的相关技术以及国内外共享汽车应用的典型案例。

本书既可作为普通高等院校汽车服务工程、交通运输专业课程教材，也可作为车辆工程、交通工程等专业的选修课程教材，还可作为交通管理类人员的参考读物。

本书配有 PPT 课件，采用本书作为教材的教师可登录 www.cmpedu.com 注册下载。

图书在版编目（CIP）数据

汽车共享概论/都雪静主编. —北京：机械工业出版社，2021.7
新工科·普通高等教育汽车类系列教材
ISBN 978-7-111-68206-6

Ⅰ.①汽… Ⅱ.①都… Ⅲ.①汽车-商业模式-高等学校-教材 Ⅳ.①F570.71

中国版本图书馆 CIP 数据核字（2021）第 203589 号

机械工业出版社（北京市百万庄大街 22 号　邮政编码 100037）
策划编辑：宋学敏　责任编辑：宋学敏　何　洋
责任校对：王　欣　封面设计：张　静
责任印制：郜　敏
北京富资园科技发展有限公司印刷
2022 年 3 月第 1 版第 1 次印刷
184mm×260mm·7.75 印张·186 千字
标准书号：ISBN 978-7-111-68206-6
定价：29.00 元

电话服务　　　　　　　　网络服务
客服电话：010-88361066　　机　工　官　网：www.cmpbook.com
　　　　　010-88379833　　机　工　官　博：weibo.com/cmp1952
　　　　　010-68326294　　金　书　网：www.golden-book.com
封底无防伪标均为盗版　　　机工教育服务网：www.cmpedu.com

  共享汽车作为互联网经济时代的产物,为我国共享经济发展做出了积极的贡献。汽车共享行业作为近几年刚刚兴起的新行业,以其新颖的概念和巨大的市场潜力,迅速赢得了广泛的关注。编者通过收集、整理国内外共享汽车行业的相关文献,从共享汽车的概念、发展历史、研究现状及未来趋势等方面进行了介绍,针对眼下和未来行业的发展提出共享汽车行业存在的问题,系统介绍了国外的先进经验,帮助读者较全面地了解共享汽车的发展情况。

  本书详细阐述了共享汽车的相关概念、发展模式,包括共享汽车发展的核心技术、商业模式、保险理赔、法律法规以及典型案例等。全书共7章,第1、7章由东北林业大学王占宇编写;第2章由东北林业大学张美欧编写;第3~5章由东北林业大学都雪静编写;第6章由哈尔滨华德学院李长威编写。

  本书在编写过程中参考了大量国内外公开发表的资料,在此向相关资料的作者表示感谢。

  由于汽车技术仍在不断发展,无人驾驶汽车的快速发展也将引起共享汽车的变革,加之作者水平和能力有限,书中不当之处,望广大读者批评指正。

编 者

目录

前言
第1章 共享经济 ………………………… 1
1.1 共享经济概述 …………………… 1
1.1.1 共享经济的特征 ……………… 2
1.1.2 共享经济的模式 ……………… 2
1.2 共享经济的作用 …………………… 3
1.3 共享经济的发展现状 ……………… 4
第2章 共享汽车 ………………………… 6
2.1 共享汽车的起源与发展 …………… 6
2.1.1 共享汽车的起源 ……………… 6
2.1.2 国内外共享汽车的发展现状 … 7
2.2 共享汽车的分类 …………………… 10
2.2.1 按汽车来源分类 ……………… 10
2.2.2 按车辆的取还模式分类 ……… 12
2.2.3 传统意义的共享汽车分类 …… 14
2.2.4 国外共享汽车类型借鉴 ……… 14
2.3 共享汽车系统的组成 ……………… 18
2.4 共享汽车租车流程 ………………… 20
2.4.1 传统租车流程 ………………… 20
2.4.2 网上租车流程 ………………… 20
第3章 共享汽车的用户分析 …………… 22
3.1 共享汽车的用户群体 ……………… 22
3.2 用户信任度的影响因素 …………… 23
3.3 用户的产品需求 …………………… 23
第4章 共享汽车的模式与策略 ………… 27
4.1 共享汽车市场的发展 ……………… 27
4.2 共享汽车商业模式 ………………… 28
4.2.1 传统汽车共享商业模式 ……… 28
4.2.2 新型汽车共享商业模式 ……… 29
4.2.3 共享汽车商业模式下的汽车供应特征 ……………………………… 30
4.2.4 汽车共享公司商业模式示例 … 37
4.3 共享汽车盈利模式 ………………… 40
4.4 共享汽车运营模式 ………………… 42
4.4.1 运营模式类型 ………………… 42
4.4.2 运营模式影响因素 …………… 44
第5章 共享汽车的事故与保险 ………… 48
5.1 共享汽车事故 ……………………… 48
5.2 关于共享汽车的立法 ……………… 52
5.2.1 立法现状 ……………………… 52
5.2.2 共享汽车侵权类型 …………… 54
5.2.3 关于共享汽车立法的发展建议 … 55
5.3 共享汽车保险 ……………………… 59
5.3.1 共享汽车的保险产品现状 …… 59
5.3.2 共享汽车保险市场需求的影响因素 ………………………………… 63
5.3.3 共享汽车保险产品设计 ……… 64
5.3.4 共享汽车保险产品的定价方法 … 67
5.3.5 共享汽车保险的风险 ………… 67
5.3.6 典型共享汽车险种案例 ……… 68
第6章 共享汽车的相关技术 …………… 73
6.1 共享汽车电子技术 ………………… 73
6.1.1 汽车内部感知技术 …………… 74
6.1.2 车辆整体感知技术 …………… 77
6.1.3 用户信息的认证与匹配 ……… 77
6.2 共享汽车信息系统 ………………… 81
6.2.1 车载信息系统概述 …………… 81
6.2.2 车载信息系统的组成 ………… 83
6.2.3 车载信息系统的应用平台及操作系统 ……………………………… 86
6.2.4 共享汽车信息管理系统 ……… 88
6.3 共享汽车监控系统 ………………… 89
6.3.1 车辆监控技术 ………………… 90
6.3.2 共享汽车监控系统的构成 …… 90

6.3.3	共享汽车监控功能的实现 ………… 93	7.1.3	易卡绿色租车 ………………… 107
6.3.4	对接交警信息系统平台 …………… 97	7.1.4	悟空租车 ……………………… 108
6.3.5	对接维护、维修信息系统平台 …… 98	7.2	国外共享汽车应用 ……………………… 109
6.3.6	对接保险信息系统 ………………… 101	7.2.1	Autolib ………………………… 109

第7章 共享汽车的典型案例 ………… 104
  7.2.2 优步（Uber）……………………… 112
  7.1 国内共享汽车应用 ……………………… 104
  7.2.3 Lyft ……………………………… 113
    7.1.1 EVCARD ………………………… 104
参考文献 ……………………………………… 115
    7.1.2 杭州"微公交" ………………… 105

第1章 共享经济

"共享"是当今时代的新兴词汇,随着"互联网+"的普及,共享也出现在人们生活的各种活动中,如交通、教育服务、生活服务以及旅游等领域。共享的社会资源不是集中在少数几个人或几个群体手中,而是由每一个社会成员共同享有,可以有效避免资源的浪费。

1.1 共享经济概述

共享经济不是物质上的共享关系,而是社会成员在社会资源、社会权利、社会财富上建立的社会关系。狭义的共享经济主要是指"P2P经济",即自然人与其拥有的物品之间的租赁交易。这种模式有两个关键点:一是自然人;二是实物。爱彼迎(Airbnb)和优步(Uber)都属于这种模式,有些人会根据需要来分享自己的房屋或汽车。其本质是对闲置资源的租赁和重用,是典型的一对一、个人与个人之间的交易。广义的共享经济所涵盖的内容更加广泛,从分享内容的角度来看,不仅包括可以看到和触摸的物质资源,还有资金、时间、劳动力、知识和技能以及生产能力;从参与者的角度来看,共享经济的广泛参与还包括企业和社会组织等机构。

因此,共享经济虽处于萌芽阶段,但各类共享经济公司不断涌现,从停车位共享到专家共享、社区服务共享及导游共享,新模式层出不穷,在供给端整合线下资源,不断地为需求方用户提供共享服务。共享经济主要包括社会资源的共享、社会权利的共享和社会机会的共享三个方面,下面分别介绍具体内容。

(1) **社会资源的共享** 资源是指一国或一定地区内拥有的物力、财力、人力等各种物质要素的总称,分为自然资源和社会资源。自然资源包括阳光、空气、水、土地、森林、草原、动物及矿藏等;社会资源包括人力资源、信息资源以及经过劳动创造的各种物质财富等。此处的共享经济主要是指社会物质财富和精神财富的共享。在历史的发展过程中,人类总是在认识世界和改造世界的过程中创造财富。财富不仅以物的形式体现,还通过精神的形式体现,也包括人们在实践过程中所创造的社会精神产品,如道德观、世界观、法制观等。作为运载工具的汽车,也是人类物质财富和精神财富的总和,故亦是一种社会资源。

(2) **社会权利的共享** 权利是指在一定的社会环境中,人们在经济、政治、文化、生态上符合法律规定和道德准则的能力。当权利延伸到经济共享的社会中,就产生了社会权利的共享。社会权利的共享主要是指人们共同享有追求美好物质生活和精神生活的权利,包括政治权利的自由、人身自由、社会经济权利和公民的平等权利。

社会权利的共享是指社会上的每一个成员都能平等地使用权利。真正实现权利共享的社会是不存在剥削的,如果存在剥削,就不是一个权利共享的社会。当然,人们行使这些权利的前提是必须履行相应的义务。

（3）**社会机会的共享** 共享经济中的机会共享是指人们具有同等的机会参与社会经济活动。社会机会的共享具体体现在两个方面：①社会机会是针对社会所有成员的，而不是属于少数人群的，即任何社会成员都有平等追求社会财富、享受社会资源的机会。②参与市场的门槛和过程平等。要想实现这种平等，就必须保证就业平等、竞争平等、市场准入平等，要让市场中的所有人都具有共同发展的机会，如参与培训和教育的机会、获得健康卫生的机会以及平等就业的机会等，不能将任何人差别化对待。

1.1.1 共享经济的特征

共享经济有成本较低的特点，通过平台建立连接实现可持续性，逐渐成为市场高速运转的润滑剂。共享经济的核心理念在于共同拥有、重复使用，形成所谓的"合作性消费"。与传统经济模式的个人主义以及私人财产不可侵犯的理念相比，共享经济更多地体现出互惠互利的集体主义倾向，有助于改变传统的消费观念。共享经济与传统经济相比，主要有以下四个特征：

（1）**依靠网络** 通过网络系统搭建一个适合自身发展的平台，根据需求完善系统设计。

（2）**参与主体多** 由于要做到共享，就必须鼓励大众参与，因此每个人都可以是共享经济主体的一部分。

（3）**协同消费** 共享经济的发展依靠网络技术，而网络平台作为一个交易市场，线上线下智能化匹配，按照消费者的需求选择合适的商品，促进消费与经济同步发展。

（4）**分离两权** 通过选择租赁替代购买、租赁替代销售等多种方法转让产品或服务的某些使用权，实现资源的合理分配。

1.1.2 共享经济的模式

在资源共享过程中，共享经济逐步探索多种资源分享模式和共享企业运作模式，根据其共享资源的方式不同，可分为产品服务模式、再分配模式和协作生活模式。根据共享经济企业的不同运作模式，共享经济可以分为商家对客户模式和点对点模式。在商家对客户模式中，资源或服务的提供者是企业；在点对点模式中，资源或服务的提供者是个人。

1. 商家对客户模式

商家对客户（B2C）模式即供应商是企业或互联网平台本身拥有的商品或服务，商家通过互联网平台整合资源信息，为需求方的客户提供商品、服务和中介。这种共享经济模式基于互联网平台的参与者，通过互联网平台提供即时、便捷、高效的信息服务、技术支持和信用保证。互联网平台的作用是进行资源整合、信息匹配、规则制定和安全担保等。

商家对客户模式的共享经济主要存在两个问题，分别是平台规制问题和法律定位问题。

（1）**平台规制问题** 共享经济的参与者主要是扁平化平台企业，资产集约利用，人力暂时分散，商业与非商业之间的界限模糊。现有监管体系最直接的挑战，即基于资格许可的传统行政资格许可模式，在"互联网+"时代很难适应大数据时代下轻资产业的发展。如在当前的医疗编制管理体系下，医生的职业发展要依附于医院这一机构，而共享医疗机构无法提供编制，就导致众多医生为了职业发展而很难真正加入共享医疗活动中。

（2）**法律定位问题** 在传统的租赁行业，服务方投资产权并申请业务资格成为被许可机构，与此相对应的是垂直管理和许可审查的传统监管模式。但是，该平台不直接共享资产，而是提供中介性质的服务，通过互联网技术为供需双方提供更多的机会和条件。共享公司通常也将自己定位为信息提供者。由此造成了在原有监管框架下的过度监管、"一管就死，一松就乱"的情况，无法对平台企业进行适度、有效的监管。

2. 点对点模式

在一定程度上，共享经济也被称为点对点（P2P）经济、协同消费经济，其低损耗和高盈利能力完全满足当代消费者的需求。P2P 模式与 B2C 模式的目的一致，客户可以通过此两种模式中的任何一种获得商品或服务。P2P 模式是个人对个人的，供给方和需求方是独立存在的不同个体。互联网平台本身不拥有某种商品或服务，而只是收集有关资源的信息以满足供需，平台不需要额外成本。因此，P2P 模式更具商业竞争力，而 B2C 模式则更专业，具有企业集成的优势。

大范围的 P2P 交易活动，共享经济参与主体多样化、共享活动多样化、共享资源差异化明显，在其交易过程中容易出现质量安全、信息安全、用户体验差等问题。同时，因参与主体的多样性、灵活性，共享经济行业边界的模糊性又增加了监督的难度。

消费者权益受损主要体现在以下方面：

1）信息安全。个人信息数据泄露，个人隐私受到侵犯，或被不正当利用。

2）财产安全。网络支付出现安全故障、欺诈行为等问题，如共享单车领域的一些企业停运甚至倒闭，导致用户押金难退等现象。

3）人身安全。因相关应急措施保障不到位，出现安全漏洞，引发安全事故。

此外，点对点模式中易出现参与者权益受损事件，如 P2P 借贷平台"跑路"事件、顺风车事件等，均会使参与者的权益受损。

1.2　共享经济的作用

当前共享经济的发展，从根本上讲是基于大数据的发展，共享经济公司的业务形成规模后，大数据的价值立即凸显，相应的技术成为其平台运营的"心脏"部分。下面以滴滴出行（简称滴滴）和优步（Uber）为例，介绍共享经济的主要作用。

1. 供需匹配

无论乘客在城市的哪个角落，当他们发起乘车需求之后，其订单需要分配给附近不同的驾驶员。滴滴采取抢单的方式，而优步采取指定分配的模式，虽然方式不同，实际上都是基于各自的算法，在最短的时间内让乘客需求与驾驶员需求相匹配。这种对即时数据的处理和分析能力，取决于算法的精准程度，决定了用户的体验和驾驶员的效率。想要达到最快的响应速度，还需要企业技术团队能够根据不同城市历史上的海量订单记录、用户位置数据、车辆未知数据等进行预测。例如，优步通过不同的团队，掌握了全世界各大城市越来越全面而丰富的交通数据。通过对数据的分析，优步可发现不同城市用车需求特征的变化、城市运输能力的增减，指导企业对自身内部进行管理，并为出行居民、驾驶员和城市交通规划部门提出建议。

2. 精准营销

优步和滴滴，选择与传统企业截然不同的市场营销方法，其最大特点在于针对不同的细分市场、用户分类甚至个人用户采用不同的营销方法。例如，在什么时间段给哪些群体打折

或赠送优惠券、分别提供什么类型的优惠、赠送多少代金券等问题，都要建立在对海量数据进行精确分析的基础上，而绝非传统商业模式中依靠市场营销人员凭经验来判断。目前，滴滴和优步都在进行对个人用户画像的工作。在这样的系统中，一个乘客的用车习惯、诚信记录会形成个体档案，并得到评分，同样，一个驾驶员的执业行为也会被记录在案。这些记录数据将会与滴滴和优步的其他合作企业的业务进行联动，为用户、驾驶员提供更多方便。

3. 自动计费和支付业务

优步和滴滴已经实现根据出发地和目的地之间的地图进行智能导航，自动形成路线，综合参考路线的路程、时长、交通状况和天气等因素后，系统实现自动计费。乘客到达目的地后可以直接下车，将计费和支付交给软件执行，有效避免了沟通时间上的浪费，也能杜绝驾驶员可能出现的绕路倾向。实现这样的业务功能，也离不开企业对大数据的应用和分析能力，同时考验着企业计算集群硬件的性能。

大数据技术已渗透到共享经济中的每个环节。新的相关互联网创业企业，必须拥有与之相适应的高端人才和机器设备。其中，云计算平台不可或缺。通过这种大数据分析平台，企业能够获得分布式的计算能力、海量数据处理能力和存储能力，尤其能获得一些基础的大数据挖掘能力。优步和滴滴是有效利用大数据而成功创业的典型代表。新的创业者正在着手利用大数据平台开发更多的共享经济商业模式。大数据本身也是可共享的资源，并正在得到新的商业开发。仅在出行领域，未来围绕车联网、无人驾驶、智慧城市等方面，将出现更多依靠大数据共享来创业的企业。在其他同城市居民生活息息相关的商品或服务领域，大数据有更大的升值空间，利用共享数据来提供服务将开启互联网创业的新时代。

1.3 共享经济的发展现状

"共享经济"最早是由美国得克萨斯州立大学社会学教授马科斯·费尔逊（Marcus Felson）和伊利诺伊大学社会学教授琼·斯潘思（Joel Spaeth）于1978年发表的论文《Community Structure and Collaborative Consumption: A Routine Activity Approach》中提出的。其主要特点是包括一个由第三方创建的、以信息技术为基础的市场平台。这个第三方可以是商业机构、组织或者政府。个体借助这些平台交换闲置物品，分享自己的知识、经验，或者向企业、某个创新项目等集资金。经济牵涉三大主体，即商品或服务的需求方、供给方和共享经济平台。共享经济平台作为连接供需双方的纽带，通过移动基于位置服务（Location Based Services，LBS）的应用、动态算法与定价、双方互评体系等一系列机制的建立，使得供给与需求双方通过共享经济平台进行交易。

当前共享经济的发展尚处于初级阶段，在迅速发展的同时，也面临着许多困境。共享经济的发展现状如下：

1. 经济主体不明确，发展规模较大

随着我国经济的发展，各种经济平台越来越多，共享经济作为经济的一种发展模式，涉及多个方面，涵盖各个领域。各种平台机构蓬勃崛起，如共享单车和网约车也是共享经济的一部分。随着人们需求的增长，共享经济发展模式逐渐扩大，但是主体界限也越来越模糊。

2. 发展速度快，平台数量持续增加

近年来，越来越多的行业都引入了"共享经济"的概念，在发展过程中也充分融合了共享经济的特征,逐渐扩大了共享经济的服务面。共享经济走进了人们的日常生活,给人们的生活带来了很多便利,不管是交通还是房地产,都涉及共享经济。共享经济的规模逐渐扩大,平台也在不断增加,给许多企业带来了良好的发展机遇。

3. 促进了交通行业的发展,发挥了良好的榜样作用

随着共享经济的不断发展,交通出行也越来越重视在本领域应用共享经济模式,其中共享单车与网约车独树一帜。特别是共享单车,据调查数据统计,2020年我国共享单车出行用户规模达2.53亿,这是交通行业发展的一个重大突破,同时也为其他行业的发展起到了带头作用,鼓励其他企业向共享经济发展模式靠拢。

4. 不利于维持市场秩序

共享经济的发展模式本身并没有问题,问题出在共享经济的使用者身上。随着共享经济规模的不断扩大,很多人都加入进来,但其中不乏一些不道德的人利用不正当方式从中获利。由于平台数量增加过快,市场还未形成相应的管理体系,企业就已经发展起来了,从而导致共享行业秩序混乱。一些企业利用不正当手段从漏洞中牟取经济效益,如采用不正当的竞争手段导致企业之间的竞争越来越激烈,一些竞争力弱的企业逐渐被淘汰,从而出现了一些"独占鳌头"的企业,导致利益分配不均;非法注册一些商标,给小型企业的发展带来了很大的威胁。

5. 劳动关系出现矛盾

随着共享经济模式的不断发展,我国的劳动关系越来越不明确。共享经济中的劳资双方转变了以往的聘用形式,但是并没有对这种关系进行明确划分,既没有特定的合同,也没有管理制度进行约束,在发展过程中缺乏信服力。共享经济冲击了传统的劳动分配制度,如何处理劳动与共享经济的矛盾成为当前需要人们主要思考的问题,如果不能及时处理这些问题,就会导致劳动脱离组织保障,也失去了相关福利和社会保障。在共享经济模式下,要更加追求劳动分配公平以及工资分配合理,按照劳动者的贡献能力分配资金,降低劳动者的失业风险,缓解劳资矛盾。

6. 安全性不高

共享经济的安全性不高主要体现在两个方面:第一,不能保障消费者的正当权益。在共享经济模式下,各种商业平台越来越多,加之市场制度不完善,不能及时监督控制经济发展过程中出现的问题,导致第三方平台缺少经济保障,安全性较低,无法保障消费者的合法权益。另外,消费平台第三方服务门槛较低,给很多消费平台的发展创造了机会,部分企业为了牟取暴利,会盗取消费者信息。第二,没有利用的资源与区域规划产生矛盾。特别是房地产行业,由于房价高涨,部分房主把自己的房子高价出租,加剧了房地产规划商与房主之间的矛盾,使个人财产成为商业区。在交通方面,共享单车被随意摆放,抢占了车辆的交通用道,与城市交通规划产生矛盾,对后续的管理也产生了不利影响。

7. 差异化监管策略不完善

共享经济正在改变政府监管的现实世界和利益模式,政府监管必须围绕这些变化积极调整。总体来说,应该鼓励业务创新和有效的政府监管,并且平衡"创新"和"监管";有必要创造一个公平且自由的市场环境,保护消费者和传统产业,并防范新兴事物存在的风险,区分不同情况,实行不同的监管方式。具体而言,可以根据共享经济的不同模式,采取不同的监管策略。

第2章 共享汽车

共享经济不断深入人们生活的各个方面,汽车共享逐渐登上共享经济的舞台,并成为共享经济的一大主流模式。据有关统计,截至 2021 年年底,全国有 79 个城市的汽车保有量超过百万辆,私家车保有量突破 3 亿辆。其中,35 个城市的汽车保有量超过 200 万辆,北京、成都、重庆超过 500 万辆,苏州、上海、郑州、西安超过 400 万辆,武汉、深圳等 13 个城市超过 300 万辆。上海早就开始对机动车进行限购,但城市的交通状况并没有从根本上得到缓解。百度地图数据显示,在上海开车上下班的平均时间为 45min,高峰期平均车速仅为 22.3km/h。针对通勤距离较长、公共交通设施不堪重负的现状,共享汽车应运而生。

2.1 共享汽车的起源与发展

2.1.1 共享汽车的起源

共享汽车概念的出现早于共享单车,但随着共享单车的推广,共享汽车才逐步进入大众视野。在国外,汽车共享的理念已经提出很长时间,并有相关的实践经验。汽车共享行为最早出现于 20 世纪 40 年代,由瑞士人发明。他们在全国组织了许多"自驾车合作社",这种方式在瑞士这样的山地国家非常实用,一个人用完车后,便将车钥匙交给下一个人,这比在平地国家建立网络更加容易。1990 年,欧洲汽车共享协会成立,标志着欧洲共享汽车市场的诞生。后来,共享汽车在北美及日本等发达国家和地区也陆续风靡。

1987 年,在瑞士成立的一家汽车共享公司首次实现了商业运营上的盈利。1988 年,世界上第一家汽车共享上市公司——Staff Auto Car Sharing Aktiengesellschaft 在德国成立。1997 年,在瑞士成立了 Mobility Car Sharing Switzerland 汽车共享公司,该公司是由 Car Sharing Cooperative ATG 和 Share Com 两家汽车共享公司合并而成的。该公司发展迅速,很快成为瑞士首屈一指的汽车共享公司,占据极大的市场份额。20 世纪 90 年代,北美引入了汽车共享理念。加拿大首先引入汽车共享来改善城市交通。目前,加拿大的大城市都已经存在大型的汽车共享公司。1998 年,美国首次引入汽车共享理念,并在波特兰成立了汽车共享公司。

汽车共享进入亚洲的时间较晚,1997 年在新加坡和日本出现汽车共享服务。新加坡当时新建了大量的住宅区,随之带来了严重的交通问题,因而引入了汽车共享服务。日本的汽车共享服务是由大型企业,尤其是一些汽车公司引入的,如本田公司成立了 ICVS(Intelligent Connected Vehicle Sharing)智能汽车共享。日本的汽车共享服务开始只供内部员工工作使用,后来慢慢扩大到通勤范围,最终惠及市民。

如今的汽车共享是指多人共用一辆车,即开车人对车辆只有使用权,而没有所有权。可以从以下方面理解共享汽车的概念：

1. 狭义的共享汽车

共享汽车是传统汽车使用模式的垂直延伸，用户通过交纳一定的押金或者会员费就可以成为共享汽车公司的会员，获得租车的权利；共享汽车公司也会根据用户的要求，就近为用户提供服务。

2. 广义的共享汽车

共享汽车租赁服务不仅包括会员制的分时租赁方式，还包括多人乘车服务。从这个角度来看，传统的出租车业务、租车业务及新兴的网约车业务都是共享汽车的组成部分。但是，在新经济模式的驱动下，共享汽车被赋予了更狭隘的定义，资本更倾向汽车的分时租赁业务。

3. 法学角度的共享汽车

共享汽车是一种通过社会化平台，将车辆使用权有偿临时让渡的行为。这种让渡可以是完全的让渡，即被让渡人对车辆享有完全的占有权；也可以是部分的让渡，即当事人双方同时占有一辆私家车。与共享经济相同，共享汽车的存在也依赖于社会化平台以及闲置资源的大量存在。但由于政策与法律的规定，部分共享汽车模式是公益性质的。共享汽车依靠居民出行这一刚需产生，故与其他共享经济模式相比，共享汽车对居民的消费习惯更具有颠覆性，其自身的发展也更具有持续性。

共享汽车以会员制为基础，借助强大的互联网技术，在有限的电动汽车的基础上，通过合理有效的调配，实现在不同时间段多人使用同一辆汽车，达到共享汽车使用效率最大化的目的。会员通过提前预约或到停车场刷卡取车，就可以拥有汽车的使用权，按照计时制或计程制收取费用，然后在离目的地最近、最方便的停车场还车，这样就完成了一次共享汽车的使用。其中，购买车辆的初始费用、重新配置汽车的费用和车辆停放的费用等都是由汽车共享公司提供的。

2.1.2 国内外共享汽车的发展现状

1. 国外共享汽车的发展现状

共享汽车于20世纪初从欧洲开始发展，目前在欧洲、美国发展得比较成熟，如法国的Autolib、美国的Zipcar、德国的即行（Car2go）以及服务范围遍及全球的赫兹租车（Hertz）。汽车共享理念发展至今，全球已有600多个城市进行汽车共享。但是从全球范围来看，引入汽车共享服务的城市主要是交通需求量大、交通状况糟糕的大中型城市，而在小城市，汽车共享还不能形成显著的市场效益。

2011年，巴黎市政府推出了都市公共电动汽车租赁系统——Autolib项目。该项目能够为市民提供便捷的出行，倡导市民改变出行方式。目前，该项目的电动汽车拥有量已达到2000辆，同时已建设4000个充电站。Autolib采用会员注册制，对于用户租车，采取按照小时收费的运营模式。

美国的Zipcar成立于2000年。其主要经营理念是"汽车共享"，为了更好地服务消费者，公司为每辆车都配备了嵌入式的系统监控器，在掌握汽车实时状态的同时，也可以保证与用户会员卡的动态对接。Zipcar开创性地将客户群划分为个人用户、企业用户和大学生用户，通过接受这些用户的网上注册信息，发放会员卡。Zipcar的共享汽车停放在人流集中、需求量大的区域。会员可以通过手机 App 和网站输入取车时间和租车时长搜寻需要的汽车，后台根据汽车与人的距离，通过电子地图根据基本情况和价格为可用车辆进行排序。然后，用户点击选择汽车，进行预约，使用后开回原来的地方，用会员卡实现锁停。

2008 年，全球最大的商用车制造商戴姆勒股份公司推出即行（Car2Go）汽车共享项目，旨在缓解德国日益繁重的交通压力，为城市生活提供一种新的出行方式。用户只需简单的网上注册，就可以灵活、便捷地租用即行（Car2Go）提供的两座奔驰 smart 轿车。会员提前半小时就能在网上预订好车辆，用车按分钟计费，还车时只需将车停靠在交通枢纽（火车站或机场）、居民区、景区等人流密集的区域设有的即行（Car2Go）停车位，车上配备的 GPS 系统便会自动将位置反馈给监控人员。如无下一位用户租赁，将会有工作人员把车辆停到指定的即行（Car2Go）停车位。该项目有单程和自由流动两种模式的汽车共享租赁，已在柏林、巴黎等欧洲的 20 多个城市成功实施运营。

赫兹租车起源于美国，现在已经发展成为全球著名的汽车共享租赁公司，其租车门店遍布全球 150 个国家，总数量达到 8500 多家。基于租赁时间的长短，赫兹租车提供给消费者短期和长期的租赁服务，包括日租、周租和月租；提供的车型众多，使消费者选择余地较大，同时，其租车门店分布在人口聚集的市中心、商业中心、居民小区和旅游景点附近，大大方便了市民的用车需求。用户只需注册成为会员，就可以在不交押金的前提下进行预订，无须排队，也不用填写任何表格，直接前往金卡会员专属柜台/停车场取车；还车时，也不需要当场交钱，只需在邮箱中查看电子账单即可。

在日本，监管改革促进委员会考虑到汽车共享的发展浪潮、自身供需匹配和交通的压力，开始讨论汽车共享租赁模式的潜力。2016 年，日本政府已经在一些特定地区试行汽车共享租赁的运营模式，但是由于经济和发展的不匹配，该项目目前只能在几个人口稀少的地区落实，不能切实解决市民和游客对共享汽车的需求。

2. 国内共享汽车的发展现状

目前，我国共享汽车租赁市场处于早期发展阶段。2015 年市场暂不完善，是企业入局的峰点，入局企业达到 134 家，但随着竞争的加剧，市场中留存的企业和新入局的企业都在不断减少。2019 年互联网租车企业仅成立 25 家，较 2015 年减少 81.34%。尽管新成立的互联网租车企业在不断减少，但正是由于龙头企业的规模效应，市场中整体的租车规模呈现递增态势。截至 2020 年 9 月底，我国的租车规模达到 178.9 万辆，汽车租赁市场前三名分别为神州租车、一嗨租车和悟空租车，运营车辆规模分别达到 14.9 万辆、8.5 万辆和 7.4 万辆。从互联网租车 App 的月活量来看，2020 年 9 月，神州租车和一嗨租车的月活量在 300 万辆以上，悟空租车、携程租车和凹凸租车月活量也在百万级别，而租租车、大方租车、首汽租车等月活量均在 100 万辆以下。虽然业内已有数家颇具规模的汽车租赁企业，但整体市场份额相比成熟市场仍然较低，规模领先的汽车租赁企业至今尚未形成遍布全国的租赁网络，难以达到规模经济效应。

我国共享汽车包含新能源共享汽车和传统能源共享汽车，以新能源共享汽车为主，代表企业有一度用车、首汽 GoFun 出行等。相较一些欧美发达国家，我国汽车行业的共享租赁模式起步较晚，但近年来发展迅速。目前共享汽车租赁模式在北京、上海、杭州等一线和部分二线城市均有一定的市场规模，早先发展的杭州车纷享、杭州"微公交"、北京易卡绿色租车、上海 EVCARD 等是较为典型的代表。同时，新兴的网上租车平台有凹凸租车、伯乐租车等。

杭州车厘子智能科技有限公司在2011年成立于杭州市，是我国最早从事汽车分时租赁业务的企业之一。该汽车租赁公司采用会员制的运营模式，将最短至小时作为计费单位的燃油汽车与新能源汽车的自助租赁服务提供给会员。注册成功的会员可以在手机App或者公司网站上输入取车和还车网点及时间，进行车辆预约，成功实现随时取车、异地还车的目标，大大满足了用户需求，提高了便捷性。车纷享就是该公司旗下的代表项目。

杭州"微公交"由吉利控股集团与康迪科技集团共同投资组建的康迪电动汽车集团于2013年推出，作为电动汽车分时租赁项目，一个用户最多可以预订五个座位，同时需要至少提前三天预订，最短开行周期为一个月。在杭州市的主要城区，包括西湖区、上城区、下城区、萧山区以及滨江、拱墅和江干区，都设有"微公交"租赁网点，市民可在这些网点设立的车库进行租车和还车。这种立体车库可停放30~100辆车，大多分布在机场、火车站、商业中心、居民区等人流密集的区域。此外，在"微公交"App上，用户可查询网点位置以及网点内车辆和停车位的状况，线上预约租还车，大大方便了出行。

易卡绿色（北京）汽车租赁有限公司（简称易卡绿色租车）是一家多元化公司，于2013年在北京创立，旨在推广和发展纯电动汽车分时租赁业务。在北京市海淀区范围内，有8个大型易卡租赁网点。用户只需登录网站注册会员，上传身份证及驾驶证信息，租赁公司就会邮寄给用户一个射频卡，即会员卡。用户需要往这张会员卡里充值，以保证基本的服务费后才能租车。易卡绿色租车在机场、酒店、大型社区等交通需求较大的区域设立租车点，驾驶员的整个租车过程无人值守，从刷卡取车到结算还车，都可以独立完成。

EVCARD电动汽车租赁是借助物联网技术实现的一种新型汽车分时租赁服务模式。用户只需在官网注册，之后便会收到一张会员卡。用户需要用车时，可在任意时间通过手机客户端自行预订，然后到预订网点使用会员卡对准车上的刷卡器，指示灯亮，即可打开车门；车辆使用过程中，如续航里程不足时，可选择就近充电桩充电；使用完，可选择就近网点还车。在上海，EVCARD有近百个无人值守网点和2000多个免费停车位，充分满足了市民的需求。

2013年7月，凹凸租车在上海成立，率先将"汽车共享"理念带入我国。在凹凸租车建立的平台上，拥有私家车的车主可以将自己闲置的汽车租给有需要的人使用；同时，租客可以通过平台上的信息，选择车况更好、更符合自己要求的车辆。基于移动互联网，凹凸租车构建了一个全新共享模式汽车租赁平台，开创性地提出P2P（个人对个人）模式：车辆全部来自车主个人共享，为租户和车主带来了方便。同时，租户需要拥有驾驶证6个月及以上，无不良记录，拥有真实有效的身份证和有效信用卡；而车主要求车龄在10年或行驶里程在30万km以内，手续及保险齐全，车况良好并有闲置时间。双方互相选择，一键确认。

总部位于上海的伯乐租车，拥有300多辆各类型中高档车型，为近百家世界500强企业及政府机关提供汽车租赁服务（企业长租为主），被誉为企业租车的整体解决方案专家。伯乐租车采用"车管家"服务理念，统一结算服务，实行大数据集成式管理，提供短期租车、长期租车等服务。

综上所述，我国共享汽车市场从2015年开始发展，自2016年加快步伐，互联网企业、整车企业、传统租赁公司纷纷入局尝试，但目前市场仍处于探索阶段。由于规模限制和策略不同，还未形成统一局面，入局者积极探索发展模式，多种经营模式涌现，合作并购等商业协作模式也有出现，预计未来竞争会更加激烈，逼迫市场进行整合。

从政策环境来看，随着"共享汽车"逐渐进入公众视野，政府高度重视，出台了大量相关政策扶持，并且在 2016 年之后逐渐细化政策，在 2017 年下半年内相继出台了多项重要指导政策，明确提出鼓励共享汽车分时租赁业务发展。分时租赁市场由三方组成运营平台为核心的"互联网+分时租赁运营"为主导方；汽车制造商、能源补给方、停车位资源方分别掌握车辆、续能设施、停车位资源，为重要辅助方；车联网软硬件、地图、导航及定位技术，通信技术等为技术支撑方。随着市场逐渐成熟，未来通信企业、置业方也有望入局。

从经济环境来看，我国汽车市场的高速发展，尤其新能源汽车，在政策指引下销量和产能不断提高，为形成汽车共享市场铺平了道路；而经济水平提高的同时也促进了消费升级，提升了出行需求，促进了出行场景的多元化发展。从社会环境来看，我国公共交通网络发展仍无法与城市化规模发展进程完全匹配，加上大城市限行限号等负担，共享汽车成为缓解交通压力的重要解决方案之一，同时也是高效利用道路资源的重要手段。

2.2　共享汽车的分类

2.2.1　按汽车来源分类

1. 独立汽车共享服务

这类服务的性质很像一般的租车公司，是根据市场的需求选择合适的车型，然后向汽车厂商购买。因为汽车共享一般是短途用车，车型需求与传统租车按天甚至按周或按月出租不太相同。知名汽车共享公司 Zipcar 就属于这种类型。除了单纯作为租车公司存在的汽车共享服务商以外，还有些服务由其他机构提供，通常有以下三种：

（1）**城市政府机构提供**　此种提供方式收费相对营利性公司更低，为城市专车共享，既解决了公务员的公车需求，又给城市的低收入人群提供了一种福利，如旧金山湾区的 Cit Car Share。

（2）**大学提供**　一些非常大的大学校园内提供汽车共享服务，既解决了大学公务用车需求（如短途出差或是来往于各个校区之间），同时提供了一种可行的公共交通工具，避免了学生购买车辆所带来的尾气排放、停车位紧张、高成本和堵车等问题，也减轻了学生的经济负担。例如，美国著名的加利福尼亚大学尔湾（Irvine）分校就提供了这样的服务。

（3）**轨道交通运营方提供**　对于一些城际火车、通勤火车的运营商来说，因为车站没有地铁那么密集，而且经过的很多地区是低密度郊区，离乘客家有一定的距离，但公共交通和出租车可能又不方便，如果要吸引更多的乘客，往往需要提供大量停车位让乘客自驾前往车站，但这样一方面过于昂贵，另一方面又会丧失在车站周围发展商业和住宅区的机会。如果同时在车站提供短时租赁服务，就能比较低成本地解决这个问题，既能通过汽车共享获得收入，又能吸引更多的乘客。德国的汽车共享服务 Flinkster 就是由德国铁路股份公司提供的。

2. 传统租车公司提供的汽车共享服务

在很多西方国家，除机场店以外，传统租车公司的大部分服务网点并不是 7×24h 运营的，工作日也只是朝九晚五，周六只有上午营业，而周日基本都是歇业的。然而大部分租车

的需求又集中在周末,取还车很不方便。这使得租车公司常常需要推出一些从周五到周一连租四天的优惠项目,从而吸引顾客。汽车共享的概念开始流行以后,很多大型传统租车公司也开始在自己租车网点的停车场同时提供按小时租赁的自助式租车服务,如趣驾(WeCar)、赫兹(Hertz)、按需租车服务的 Hertz on-demand,以出租搬家用皮卡、货车和拖车的爱美可(U-Haul)公司也提供了 U-Haul Car Share 汽车共享服务以满足短途搬家需求,也就是跟 Zipcar 一样的汽车共享服务。此外,除了自己运营汽车共享服务以外,很多小型租车公司会选择汽车共享服务平台,如"分享吧"(Just share it),把自己的空闲车辆作为汽车共享服务提供,以获取更多的收益,不仅免于开发自己的汽车共享应用平台,节省自行安装相应的电子设备等成本,也不需要担心运营规模不够的问题。

传统租车公司兼做汽车共享有以下好处:

1) 解决了周末提供租车服务的人工问题。在大部分西方国家,由于受劳动法律限制,周末雇用人工成本普遍较高。有了汽车共享服务以后,依赖自助式租车,就没有这个问题。

2) 租车公司可以更充分地利用车辆的空闲时间。在按天租车的情况下,很多时候一辆车的前后两次预订之间会有几个小时的空闲时间;有时也会因为车辆调配的问题,临时出现几个小时的空闲时间。因为汽车共享是按小时租车,时间更短,租车公司就可以把这些时间都租出去。

3) 在车型上,独立汽车共享服务和传统租车公司提供的汽车共享服务形成互补。租车公司的车队中有一些车型,如微型车和小型车,大部分租车公司仍然需要提供这类车型。一方面是作为一种差别化定价以增加收益的手段,吸引一些对价格和油耗特别敏感的客户,同时将整体服务的起价压低;另一方面是有些客户由于易于停车、方便通行等原因,更偏好小车。然而,按照传统的按天租赁的方式,小型车比较难租出去。这是因为按天租车的客户主要分为两类:一类是商务差旅,这类客户因为费用可以报销,对价格不敏感;另一类是朋友结伴出行,这类客户对空间的要求比较高,一般会选择紧凑型以上的车型。但是小型车因为油耗低、价格便宜,很适合 1~2 人短途用车,而且油费和保险费包含在租车费用内。因此,当这些车型租不出去的时候,可以挂在汽车共享网站上。此外,一般汽车共享服务很少提供一些中大型轿车和 SUV 的选择,而传统租车公司也可以在这些车租不出去的时候用作汽车共享服务。

3. 汽车厂商提供的汽车共享服务

此类汽车共享服务一般由汽车厂商成立的子公司提供,典型的例子如奔驰的即行(Car2Go)和宝马的 DriveNow。汽车厂商自己提供汽车共享服务的好处是可以通过在城市中大量停放自己的车辆,让很多用户更加容易地深度体验这些车辆,从而起到宣传旗下车型的效果;同时,因为提供的全部是自己生产的车辆,保养和维护更加方便。

4. 普通民众私人车辆提供的短时租赁汽车共享平台

普通民众的私人车辆很多时候是闲置的,可以通过租车平台把车租出去。对于车主来说,可以得到收益;而对于消费者来说,租车的地点、车型、价格区间都更为广泛,这类公司中的代表包括 Just share it、Turo、FlightCar 等。但 Turo 只提供像传统租车公司一样的按天租车。FlightCar 则主要在机场提供按天出租的服务,从而使得车主可以自己驾车前往机场,然后停到机场旁的 FlightCar 停车场,既避免了在机场停车多日的高额停车费,又不用考虑在美国费用高昂的出租车或者共乘接驳车。而 FlightCar 可以利用车主返回之前的时间把汽车租出去。但因为这两家公司都不提供短时租赁，所以不属于现今一般所说的汽车共享的范畴，只有 Just share it 可以归在其中。

2.2.2 按车辆的取还模式分类

1. 固定网点汽车共享（往返汽车共享）

每一辆车有固定的停车点，从一个地方取车，用完以后必须像传统租车一样，归还到原来的地点。这种模式一般称为"Stationed Car Sharing"（固定网点汽车共享）或者"Round-trip Car Sharing"（往返汽车共享）。固定停车点通常有以下三类：

（1）**租车公司的停车场** 传统租车公司提供汽车共享服务，一般利用自己的停车场，如图 2-1 所示。赫兹（Hertz）、爱美可（Uhaul）的小时租车都是如此。

（2）**轨道交通车站附近的停车场** 德国铁路股份公司的 Flinkster 停车场，如图 2-2 所示。

图 2-1 租车公司的停车场

图 2-2 德国铁路股份公司的 Flinkster 停车场

（3）**由租车公司向城市政府、商业停车场、公寓公司购买的街边停车位等租车公司购买的停车位一般包括** 街边停车位（图 2-3）、地库（图 2-4）以及立体停车场的停车位等。Zipcar、奔驰的豪华车共享服务、即行（Car2Go）、UberBlack 都采用此种形式。

图 2-3 街边停车位

图 2-4 地库

（4）**私人停车位** 像 Just share it 提供的车辆，既可以停在自家的私人停车位上，也可以停在公共的街边停车位。同时，有的汽车共享公司的车辆可以停在他人的私人停车位上，采用这种模式最有代表性的就是德国的租车公司 CiteeCar。使用这家公司的服务，除了成为像其他公司一样只管用车的普通会员以外，如果自己有停车位（如小区分配的停车位），还可以选择成为车主，将自己的停车位贡献给 CiteeCar 用于提供汽车共享服务。作为回报，车主可以不用交纳年费或者月费，并且每个月可以在一定的里程或时间内免费用车。

2. 自由流动式汽车共享

没有固定停车点，用车完毕以后，还车时可以在城市一定区域内的任意公共停车位停放，这种模式称为"Free-floating Car Sharing"（自由流动式汽车共享）或者"One-way Car Sharing"（单程汽车共享），即用户可以在 A 点取车，然后还到 B 点。这种共享方式用车灵活。如可以乘坐公共交通去超市，买完东西以后，因为购物多，则可在附近租车，然后开到家附近还车后再回家；或可以开车从住处到一个地方办事，办事过程中将这辆车还回，返程可依据需求重新租车。这样可以大大节省成本。但是，如果要去的地方不在服务范围内，如即行（Car2Go）叫"home area"，"DriveNow"叫"business area"，那么也可以像普通汽车共享一样，办完事后再开回到服务区内。一般采用这种模式运营的汽车共享服务在收费方式上与固定停车位的汽车共享模式会有所不同，可能按分钟计价，时长则更为灵活，但平均价格更贵些。

此外，在这种模式下，一般提前 15min 预订，就可以基本保证随时用车（当然如果停车点不固定，提前预订也没有太大意义）。而固定车位的汽车共享因为开放提前预订，在高需求时段（如周末晚上）用车常常需要提前几天预订，灵活性大大下降。

实现这种运营模式，汽车共享公司需要与整个城市签订协议，使其旗下车辆可以在限时停车的公共街边停车位或停车场停车不受时间限制，由公司按照在该城市的车辆总数量一起支付总费用。

即行（Car2Go）和 DriveNow 都采用这种模式。即行（Car2Go）的优势是全部采用 smart for two 这款远比普通车节省停车面积的小车，可以减少向政府支付的停车位费用；DriveNow 的优势则是旗下全部车型的 Idrive 多媒体系统里增加了进入可还车的服务区域有自动语音提示的功能。图 2-5 所示为 DriveNow 在德国汉堡的车辆分布状况，绿色区域为服务范围。

图 2-5　DriveNow 在德国汉堡的车辆分布状况

2.2.3 传统意义的共享汽车分类

传统意义的汽车共享包括出租车共享、租赁式共享以及合乘共享。

1. 出租车共享

出租车共享主要是指出租车的合乘制,即在满足法定条件并征得乘车人同意的情况下,出租车驾驶员可以搭载其他乘客,以提高单位时间内出租车的利用效率。

2. 租赁式共享

租赁式共享既包括车主将闲置的私家车出租给他人的 P2P 租车,也包括与出租车服务十分相似的"专车"(即"网络约租车")服务,还包括在城市内投放共享汽车,供市民随取随用的"即行(Car2Go)式"即时租赁共享。

(1)P2P 租车 P2P 租车是私人与私人之间的自驾汽车租赁,倡导私家车车主在不用车时,将闲置车辆按时或者按天出租给需要用车的租客,不提供驾驶服务,租客既可以时租也可以长租。

(2)网络约租车 网络约租车是汽车共享的典型代表。网络约租汽车(简称"网约车")经营服务,是指以互联网技术为依据构建服务平台,接入符合条件的车辆和驾驶员,通过整合供需信息,提供非巡游的预约出租汽车服务的经营活动。其运行模式或是整合来自汽车租赁公司的车辆(包括挂靠在汽车租赁公司的私家车)和劳务公司的驾驶员(或兼职驾驶员),为乘客提供定制的出行服务;或是汽车租赁公司开发专车应用软件,在租车的业务外增加专车服务。一般按照提供的车型和价位分为两个层次:一种是为中高端商务出行用户提供的商务专车服务,以 Uber Black 为代表;另一种是面向通勤人群提供的平价专车服务,以 Uber X 为代表。滴滴专车既可提供商务专车服务,又可提供平价专车服务。

(3)即时租赁共享 即时租赁共享的模式来源于国际汽车制造商戴姆勒公司旗下的即行(Car2Go)项目。即行(Car2Go)项目最早在德国开展,采用奔驰 smart 小型车组成即时共享体系,租客无须在指定地点租车和还车,可用 App 查看离自己最近的共享汽车,租车用车更为便捷、灵活。目前,即行(Car2Go)及类似的项目也在我国各大城市积极开展。

3. 合乘共享

合乘共享即所谓的拼车、顺风车。这一汽车共享模式早在共享经济繁荣之前便已经存在,随着共享经济的兴起,合乘共享得到了更加长远的发展。与租赁式共享相比,合乘共享利用了市场中的私人汽车存量。乘客通过网络平台拼车或约车,即可获得与出租车相媲美的出行服务。但是,合乘共享的路线和时间一般是相对固定的,共享的成立也多基于车主的实际出行需要,即使没有乘客,车主依然需要使用汽车。而网络约租车则更多地基于乘客的需要,以将乘客送达目的地为目标,车主本身的出行需求并不是约租车成立的条件。

2.2.4 国外共享汽车类型借鉴

按公司的车队构成,国外共享汽车可以分为混合车型、某品牌车型和单一或有限车型三类。

1. 混合车型

Zipcar 采用混合车型模式。所谓混合车型,就是各类车型都有。汽车共享需求量最大的车型一般是小型车和紧凑型车,但有时候用户需要搬家或者是运输自行车去山地骑行等,因而一般也会提供面包车和皮卡等选择。此外,在大城市的高端区域,一些用户的收入并不低,只是因为大部分时间不需要用车,或者停车位太贵,或者路况拥堵,而没有选择自己买车。这些用户可能会比较青睐紧凑型和中型豪华轿车。另外,因为汽车共享一般是短途 1~2 人用车,所以一些平民跑车往往也有市场。Zipcar 在洛杉矶的车型列表见表 2-1;英国 City Car Club 的车型列表见表 2-2。

表 2-1 Zipcar 在洛杉矶的车型列表

英文名称	BMW X1	BMW X3	Cadillac ATS	MINI Cooper Convertible	Ford Escape	Ford Focus Hatchback
中文名称	宝马 X1	宝马 X3	凯迪拉克 ATS	MINI Cooper(敞篷车)	福特锐际	福特福克斯(舱背式)
英文名称	Ford Focus Sedan	Ford Transit 150 Cargo Van	Honda CR-V	Honda CR-V AWD	Honda Civic	Honda Fit
中文名称	福特福克斯(轿车)	福特全顺	本田 CR-V	本田 CR-V(四驱)	本田思域	本田飞度
英文名称	Honda Fit ONEWAY	Honda Odyssey	Hyundai Elantra Sedan	Jeep Compass	Jeep Patriot	Kia Soul
中文名称	本田飞度(万威)	本田奥德赛	现代伊兰特(轿车)	吉普指南者	吉普自由客	起亚秀尔
英文名称	MINI Cooper	Mazda 3	Mercedes-Benz GLK	Mitsubishi Lancer	Nissan Altima
中文名称	MINI Cooper	马自达 3	奔驰 GLK	三菱蓝瑟	日产天籁
英文名称	Nissan Frontier Pickup	Nissan Sentra	Nissan Versa	Nissan Versa Hatchback	Subaru XV Crosstrek AWD	Subaru Impreza AWD 5-door
中文名称	日产纳瓦拉(皮卡)	日产轩逸	日产阳光	日产阳光(仓背式)	斯巴鲁 XV(四驱)	斯巴鲁翼豹

(续)

英文名称	Toyota Corolla	Toyota Prius	Toyota Sienna	Volkswagen Golf	Volkswagen Jetta	Volkswagen Passat
中文名称	丰田卡罗拉	丰田普锐斯	丰田塞纳	大众高尔夫	大众捷达	大众帕萨特

表 2-2 英国 City Car Club 的车型列表

英文名称	Toyota Aygo	Toyota Yaris	Vauxhall Corsa	Ford Fiesta
中文名称	丰田 Aygo	丰田致炫	沃克斯豪尔科萨	福特嘉年华

英文名称	Nissan LEAF	Toyota Auris Estate	Toyota Prius Plug-in	Toyota Verso
中文名称	日产聆风	丰田 Auris	丰田普锐斯(插电式)	丰田逸志

英文名称	Fiat Doblo	Peugeot e-Expert	Toyota Proace	
中文名称	菲亚特多宝	标致货车(电气化版)	丰田 Proace	

2. 某一品牌的车型

为加强企业自身品牌的宣传,同时降低维护难度,宝马 DriveNow 的所有车型(见表 2-3)都是宝马或 MINI 生产的。当然,采用的也主要是一些适合用作汽车共享的车型。

表 2-3 宝马 DriveNow 的车型

英文名称	BMW I3 REx	BMW 1 Series	BMW X1	BMW Active Tourer	BMW Convertible
中文名称	宝马 I3 雷克斯	宝马 1 系列	宝马 X1	宝马休闲观光车	宝马敞篷车

荷兰的 Greenwheels 为了降低购车和维护成本,也全部采用了大众的车型,分别是适合两人以下短途的微型车 UP、适合四人和长途的高尔夫以及适合运送货物的 Caddy。荷兰 Greenwheels 的车型如图 2-6 所示。

图 2-6　荷兰 Greenwheels 的车型

3. 单一或有限车型

大部分汽车共享的用户可能不太在意租到的车型，只要价格低廉、车辆分布密集广泛、行驶品质不差就行。因此，也有很多公司选择一款或有限几款适合的车型，从而既能够统一定价，也能够最大限度地降低维护难度。至于选择哪些车型，奔驰即行（Car2Go）选择的是 smart fortwo，如图 2-7 所示，有些地区也提供电动版的 smart ED。

固定网点的即行（Car2Go）Black 采用奔驰 B 级车型，如图 2-8 所示。

图 2-7　奔驰即行（Car2Go）的车型

图 2-8　即行（Car2Go）Black 的车型

德国的 CiteeCar 选用起亚 Rio（K2）（见图 2-9），后来增加了丰田雅力士。

汽车共享的特点很适合电动汽车：短途使用，故不用过于担心没电的问题，而且程序可以显示车辆剩余里程，如果是固定网点也就不用担心充电设施问题。因此，也有很多公司选择了电动汽车。例如，法国的 Autolib 全部采用一款 Bolloré Bluecar 小型电动汽车，如图 2-10 所示。

丰田则与日本停车类企业 Park24 合作推出了汽车共享服务，全部采用丰田的新兴电动三轮车 i-Road，如图 2-11 所示。这款车的最高时速只有 60km，续航里程只有

图 2-9　德国 CiteeCar 的起亚 Rio（K2）

50km，只能乘坐一名成人，无法满足普通居家用车的需要，但可以在日本的密集都市和狭窄街道上使用，非常节省空间。

图 2-10　法国 Autolib 的 Bolloré Bluecar 小型电动汽车

图 2-11　丰田的电动三轮车 i-Road

2.3　共享汽车系统的组成

共享汽车分时租赁借助车联网技术优化租车流程，提升用户体验，实现供需高效匹配。我国互联网出行共享汽车产业生态主要分为汽车生产商、汽车中间商、分时租赁运营商、软硬件技术提供商、续能设施运营商与停车位资源商以及第三方服务商六大环节，如图 2-12 所示。

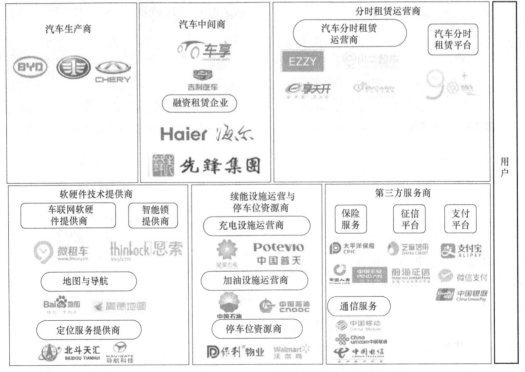

图 2-12　我国互联网出行共享汽车产业生态图谱

以分时租赁运营商、分时租赁平台为核心的"互联网+分时租赁运营"环节成为当前我国互联网出行分时租赁产业链的最大价值来源；汽车生产商、能源补给商、停车位资源商分别掌握车辆、续能设施、停车位资源等，成为分时租赁市场发展的重要辅助方；车联网软硬件、地图、导航以及定位、通信技术等是租赁业务实现便捷化、智能化的技术支撑，也是租赁市场极为重要的组成部分。我国互联网出行分时租赁行业产业链如图2-13所示。

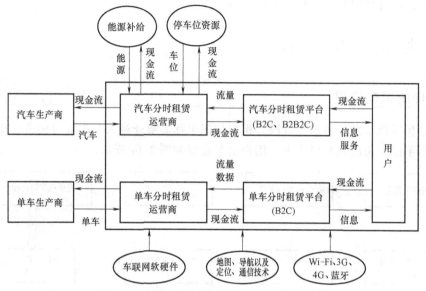

图 2-13　我国互联网出行分时租赁行业产业链

共享汽车的推广，在资源利用、资金成本和便捷性等方面都有了很大的改善，其作用主要体现在以下方面：

1）提升了车辆利用率，降低了投资成本。分时租赁让一辆车的使用时间可以拆分到分钟，使车辆可再出租的机会大幅提升，车辆的使用频次大为提高，在一天之内可以为多位用户提供服务。因此，经营同样规模的业务，所需投入的车辆数大为减少，大幅降低了租赁公司的投资成本。分时租赁模式可以有效减轻租赁公司的资金压力，使其投资回报率得到提升，从而具有更大的发展潜力。

2）提升了停车场地利用率，降低了出行成本。分时租赁由于在不同的时段有不同的用户在使用车辆，车辆的闲置时间大大缩短，占用停车位的时间也同步减少。由于车辆总在流动，同一停车位可以为多辆车提供临时停放服务，大幅提升了停车场地的利用率。分时租赁能更好地满足用户点到点的出行需求，用户在使用车辆的同时不再需要为车辆的停放支付费用；而传统汽车租赁由于是按天租赁，用户必须承担车辆在当天停驶期间的停车费用。

3）自助型服务降低了人力资源成本。分时租赁主要利用技术手段开展日常运作，实现用户的自助服务。随着互联网技术、位置定位技术、二维码技术等相关IT技术的进步及汽车本身的智能化发展，已经实现了对每辆车精确定位，车辆的运行状况可以通过汽车的智能模块反馈给汽车租赁公司，车辆的外观损坏可以通过图像比对技术让租赁公司快速掌握。用户通过智能手机获知周边可用车辆信息，下订单后通过扫描系统提供的二维码打开车门，起动车辆，使用车辆后通过网上银行支付费用。整个过程可实现自助，大幅降低了人力资源成本的投入，并能保持服务品质的一致。

4）提升了开设汽车租赁网点的便捷性。传统汽车租赁公司的网点都是门店模式，需要有办公场地和停车场地,这对网点的开设有极大的限制,无法真正实现将网点开到用户身边的目标。分时租赁由于采取全自助的服务模式,其网点仅需有停车位就可以,并且停车位的数量可以根据周边用户的需求随时调整。这对汽车租赁网点布局的合理性和开设成本的降低均大有益处,能有效提升汽车租赁公司的服务能力。

2.4 共享汽车租车流程

2.4.1 传统租车流程

在共享租赁汽车发展的起步阶段,租车与还车都需要通过人与人面对面进行交易,包括交车和接车手续。传统租车模式下,用户租车流程如图2-14所示。

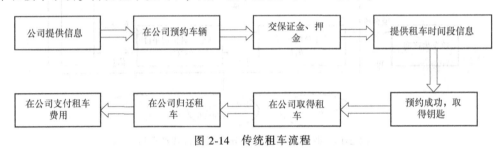

图2-14 传统租车流程

从图2-14中可以看出,传统租车流程具体包括:

(1) **提供信息** 传统租赁模式下,用户需要亲自到汽车租赁公司,提供纸质版的基本信息包括身份证、驾驶证及信用证明。

(2) **预约** 用户在汽车租赁公司的人工窗口预约车辆,交纳保证金,签订租车合同,提供租车起止时间,选取不同的车型。工作人员进行后台查询,提供给用户可用车辆信息。

(3) **取车** 预约成功后,用户在约定取车时间到达公司,从工作人员处获取钥匙后,到车库取得预约车辆。

(4) **还车** 完成租车旅程后,将汽车开回公司,锁车后将钥匙归还给工作人员。

(5) **交费** 待工作人员检查完毕车辆,用户到汽车租赁公司的工作窗口,通过付现金或刷卡等方式,根据实际驾驶时间和车辆损耗程度,交纳租车费用。

2.4.2 网上租车流程

近年来,随着互联网、无线电和智能手机的普及,网上租车越来越流行。共享租赁汽车公司提供的停车场逐渐摆脱了传统租车的门店化特征,简化了租车的服务流程,也降低了人员的使用率。网上租车模式下,用户租车流程如图2-15所示。

从图2-15中可以看出,网上租车流程具体包括:

(1) **网站注册会员** 汽车的共享租赁一般采用会员制管理办法,用户在租赁公司网站上实名注册会员,提供身份证、驾驶证、信用记录等个人信息的电子版,同时绑定银行卡,以便完成线上交费。汽车租赁公司会根据用户提供的住址,在其注册成功后邮寄会员卡给用户。

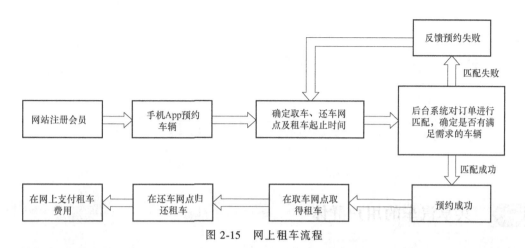

图 2-15 网上租车流程

（2）**预约租车** 有需求的用户使用手机 App 预约车辆。汽车租赁公司开发的 App 便于用户输入取车和还车网点、取车和还车时间信息，系统根据用户需求与库中车辆的存量以及状态进行信息匹配。如果没有搜寻到符合标准的车辆，显示匹配失败，通知用户预约不成功，允许用户更改租车信息后重新提交申请；如果匹配到合适的车辆，则接受预约，通知用户预约成功。

（3）**取车** 用户在约定的取车网点处通过汽车上安装的磁卡读取设备读取会员卡信息，完成取车，汽车会自动解锁。会员卡是个人租车凭证，只能在用户预订的有效期间内解锁预订车辆，同时记录租车的历史信息。

（4）**还车交费** 共享租赁模式下，用户使用完毕后将租车归还预约网点，用会员卡上锁。系统会根据驾驶时间、车型和里程数等自动结算费用，用户可选择按日/周/月等方式结清费用，从绑定的银行卡上直接扣除。租车、用车、还车的一系列过程都不需要通过工作人员的操作，可自助完成。

第3章　共享汽车的用户分析

3.1　共享汽车的用户群体

共享汽车是基于特定场景的、用户更加细分的新型出行方式。随着共享汽车的发展，其用户群体将不再只是年轻人，使用场景也不仅限于核心商圈，而是拓宽到产业园区、大学校园、交通换乘枢纽、政府机构以及景区等，从而满足用户的更多需求。

按照租期长短，汽车租赁公司提供汽车共享服务面向的用户可分为长期用户和短期用户；而按照车辆的使用性质和频率，可分为个体用户和商业用户。个体用户通常在零散时间用车，租车时间具有不确定性；商业用户主要是在上下班高峰期固定用车，用车时间相对确定。一般来说，国内外共享租赁模式下，用户群体主要是城市居民、外来游客、企事业单位及政府单位等。

1. 城市居民

城市居民是由个人个性化、多样化的出行需求而产生的用户群体，其租赁汽车主要用于上班、休闲、探亲访友等。因此，租车价格的低廉、流程的一体化和周到的服务是促使用户选择汽车租赁服务的主要原因。城市居民用户是短期汽车租赁业务的主要用户。从国外共享租赁汽车的发展经验看，以城市居民为代表的个人租车市场在未来具有巨大的发展潜力。

2. 外来游客

这里的外来游客主要是指从外地到汽车租赁公司服务范围内来游玩的、具有租车能力的外来个体用户。该群体为了满足其出行需求，会租赁汽车往返于城市景点之间。近年来，随着经济增长，旅游业蓬勃发展，许多游客选择在当地租车的方式进行游玩。如今，外来游客已成为汽车租赁公司重点开发的服务管理体系对象之一。

3. 企事业单位

企事业单位用户为了方便员工出差、开会、接待等日常办公活动，会租赁汽车满足商务活动出行需求。该用户群体是典型的商业用户，其租赁汽车时一般要求具有定制特色服务的中高级汽车与完善的售后服务。对于企事业单位来说，汽车租赁具有减少固定资产投资、增加现金流、优化财务绩效等作用。企事业单位在公务用车制度改革后产生的用车需求可以通过汽车租赁来满足。

4. 政府单位

为了满足政府公务活动出行需求，一些政府机关会租赁汽车用于公务人员的出差、公务接待及政府会议等。政府单位用户群体与企事业单位对租赁服务有着基本相同的要求。随着我国公务用车制度改革的实施，政府机构的公车数量逐渐减少，公务活动将采用共享租赁汽

第3章 共享汽车的用户分析

车的方式解决用车问题。因此,政府单位对租赁汽车的需求会是市场的又一利润增长点。

3.2 用户信任度的影响因素

1. 共享汽车的功能界面

共享汽车应用虽然在共享出行方面发展迅速,其用户数量也比较大,但是用户的留存度不高。提升产品功能本身的易用性,不仅可以提高用户留存度,而且对吸引新用户也有所帮助。

根据用户的实际需求,不断优化共享汽车应用的功能界面,添加用户和驾驶员之间的实时短消息功能,让沟通更加及时、便捷,减少用户的不确定性。通过简化用户发布用车需求的操作步骤、改进支付方式,使整套流程更加便捷。通过与当下主流的支付端口进行对接,提供多样化的支付方式,给用户带来更多方便。功能界面、用户响应和支付方式的优化都会给用户带来良好的感知体验。

2. 用户参与度

合理使用当下的社交应用,提高产品的存在感。例如,可以引入红包分享功能。用户在使用打车应用后,可以将行程分享在社交应用上,然后可以抢红包,留待下次使用。这样不仅能提高用户再次使用的概率,也提高了应用的存在感,增加了互动,增加了曝光率。与此同时,可以根据某个主题,如在某个节日,策划宣传相应的活动,通过活动增加与用户的互动,提升用户的参与度和归属感。

3. 用户评价

在平台型共享汽车的评价中,一些用户会参考其他用户的评价来对某个平台或共享汽车的使用给出自己的评价。因此,用户的评价除了能给其他用户提供参考外,也是对共享平台或共享汽车的诚信度和服务质量的肯定。为了使用户的评价显得客观,共享平台的评价体系就要公正且全面,避免出现因评价体系的局限性而使评价片面化。

4. 共享汽车的安全性

满足用户出行需求是共享汽车最基本的功能。随着网约车发生一些无法保证乘客人身安全的事件,共享汽车的安全性也引起公众的高度关注,共享汽车主体的安全性、安全保障措施等显得尤为重要。因此,共享汽车平台应担起责任,加强共享汽车的使用安全性,避免对用户造成伤害。

3.3 用户的产品需求

1. 空间特征

共享汽车的租借需求在空间上的分布主要受租赁网点的用地特点及其附近交通状况的影响。由于汽车租赁网点所在地的用地性质、交通状况、基础设施不同,会出现不同租赁点共享汽车借还次数、借还频率不同的情况,从而导致各个区域共享汽车需求量的差异及分布不均衡。

人员聚集、活动频繁的区域汽车租赁需求大,如火车站、机场、住宅区、商业区和旅游景区;人员活动不频繁的区域汽车租赁需求明显较小。火车站和机场是一个城市的交通中心，人流量巨大，同时内部用地较为紧张，缺少足够的停车位，因此多数人会选择更为方便的租赁汽车，从而产生巨大的需求；住宅区和商业区是人口密集的地区，同时在这些地区，人员活动频繁，短距离出行需求旺盛；旅游景区集商业活动和旅游休闲于一体，是外来游客的主要活动地区，这些人群往往有驾驶证，但是无车可开，为了提高游玩效率，提升满意度，往往会对共享租赁汽车有着较大的需求。

居住类用地对交通出行的需求量约为1.55次/(人·天)，而工业类用地的需求量约为1.30次/(人·天)。不同用地性质的交通出行强度不同，因而用地范围内共享汽车的需求量也不同。同时，轨道交通即地铁站和公交站点附近共享汽车的需求量相对来说较少。在可供选择的出行工具较多的情况下，相较租赁汽车的不确定性，部分用户会选择更为畅通的地铁或者公交出行。

2. 时间特征

在时间方面，共享汽车的需求量与城市居民的出行习惯以及出行规律有着直接的关系。例如，共享汽车借还量随城市居民生活节奏变化呈现起伏波动的趋势，早、晚高峰出行时段会产生大量的需求。

（1）一天内每小时借还需求 城市中心和商业中心人流量较大，用户出行习惯一般没有规律，因此位于这些地方的共享汽车租赁点，一天内每小时的借还量都较大，最大借还量和最小借还量之间差异较小。

位于居民区的租赁点在一天内早、晚高峰时，共享汽车的小时需求量一般较大，借车量远大于还车量。尤其在早上7~9点，是上班时间，借、还车数量差距最大，因此会造成租赁网点长时间空位、供不应求、排队等候租车的情况，需要提高车辆调配频率以解决供需不平衡的问题。

此外，按照最大借还量和最小借还量的总体情况来说，我国汽车共享租赁市场整体呈现东强西弱的态势。

（2）一周内每天借还需求 单辆共享汽车全日需求量随居民以一周为周期循环的生活规律变化，在一周内呈起伏波动趋势。一般来说，一周内的规律是：工作日的借还量较大，非工作日的借还量较小，而且工作日和非工作日的借还量差距非常明显。

共享汽车目前仍存在找车难、停车难的问题，不能保证用户可以按照既定时间计划进行日常通勤等使用。但是，大部分用户仍愿意尝试或倾向使用这种新型交通出行方式。其中，价格优惠和方便自由是用户倾向使用共享汽车的主要原因；还车和充电麻烦、车内环境不好是用户不想使用共享汽车的主要原因。

共享汽车用户的出行目的基本是市内短途出行。除时间特征和空间特征外，共享出行用户还具有其他四个使用特征：使用意愿特征、使用车型特征、使用目的特征和使用习惯特征。

1）使用意愿特征：由于价格优惠、方便自由，超过50%的用户愿意使用共享汽车，因而共享汽车具有一定的市场。

2）使用车型特征：出于价格考虑，用户普遍接受和习惯使用微型纯电动汽车，而较高级的车型在我国现阶段市场需求不大。

3）使用目的特征：用户选择共享汽车出行的主要目的是上班通勤、节假日娱乐和临时办事。由于网点少、停车难，上班通勤的满足程度较低。

4）使用习惯特征：小部分用户每天用车，大部分用户倾向于周末用车。若能增加网点、改善车内环境，将增加共享汽车的使用频率。

3. 用户的产品需求

（1）**对车辆的设计性需求** 分时租赁模式共享汽车的用户目前使用的还是以 A00/A 级为主流的两厢轿车，但对于目前正在使用网约车的潜在用户而言，更倾向于空间更大的轿车或 SUV；另外，还有少数暂时未使用共享汽车的用户则希望增加 7 座车型可供选择。用户对车型外观的要求包括统一涂装、较小的 LOGO 以及普通非个性的颜色。

（2）**对车辆的安全性需求** 大部分的用户认为共享汽车的安全配置应该比私家车高，对各类安全配置的要求较高，如图 3-1 所示。其中，气囊是必不可少的安全配置。此外，行车记录仪、紧急救援装置的需求度最高，是用户希望装备的配置。

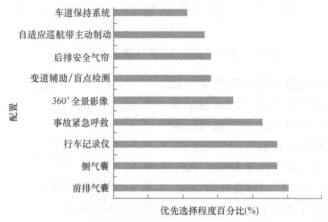

图 3-1 共享汽车安全性配置的优先级排序

（3）**对车辆的舒适性需求** 用户对共享汽车舒适性配置的优先级排序如图 3-2 所示。其中，座椅功能和前排 USB 充电接口是共享汽车消费者最关注的配置。座椅调节需要满足基础的前后、上下、靠背调节；但真皮座椅、腰部调节是魅力型配置，如果加装会增加用户好感度，从而增加支付的意愿。

（4）**对车辆的娱乐性需求** 用户对共享汽车娱乐性配置的优先级排序如图 3-3 所示。共享汽车用户普遍认为能满足基本的音乐播放需求即可，最需要的是蓝牙、Wi-Fi 等与手机连接的配置。针对较高级的娱乐性配置，共享汽车用户较为看重智能手机互联、中控屏幕及车载导航的加装情况。

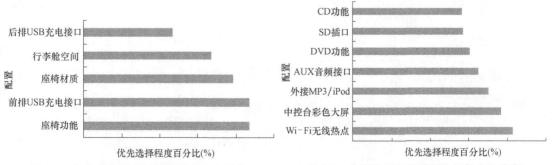

图 3-2 共享汽车舒适性配置的优先级排序　　图 3-3 共享汽车娱乐性配置的优先级排序

（5）**价格和取还车手续**　价格和取还车手续是共享汽车用户在使用环节上最关注的两个因素，性能、投放数量、网点分布以及安全性也在用户考虑的范围内；但由于分时租赁市场投放车型及种类较为单一，用户对空间因素关注较少。用户对共享汽车附加服务的关注程度如图 3-4 所示。

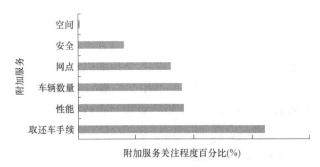

图 3-4　用户对共享汽车附加服务的关注程度

付费价格是用户使用分时租赁汽车时较为关注的因素。大多数用户习惯按里程结算出行成本，但共享汽车用户认为，如果长期使用，其支付成本不应超过打车。共享汽车用户对价格的需求情况如图 3-5 所示。由于车型级别越高，相应的投放、运营成本越高，因此企业在选择营运车型进行投放时，应在投放成本和行车费用之间取得平衡。较多用户可以接受按时间结算；按照使用次数结算的方式由于在各种场景下差异过大，不方便结算，只有少数用户选择此种结算方式。

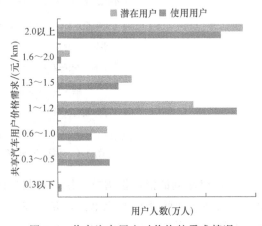

图 3-5　共享汽车用户对价格的需求情况

（6）**附加信息服务**　共享汽车用户希望获得一些附加信息的服务。一般用户对充电站、加油站的位置信息以及导航信息比较关心，通过智能手机、App 服务端等主动推送信息的方式，能够有效缓解用户的出行距离焦虑。

第4章 共享汽车的模式与策略

交通运输部、住房和城乡建设部于 2017 年 8 月 4 日发布《关于促进小微型客车租赁健康发展的指导意见》，鼓励发展汽车共享。该意见指出，小微型客车租赁服务为城市出行提供了一种新的选择，有助于减少个人购车意愿。发展小微型客车租赁服务将在一定程度上缓解城市私家车保有量的快速增长趋势以及对道路和停车资源的占用。同时，对企业的共享汽车运营模式也提出了更高的要求。

4.1　共享汽车市场的发展

我国互联网出行共享汽车市场的发展可分为探索期、市场启动期、高速发展期和应用成熟期四个阶段，如图 4-1 所示。

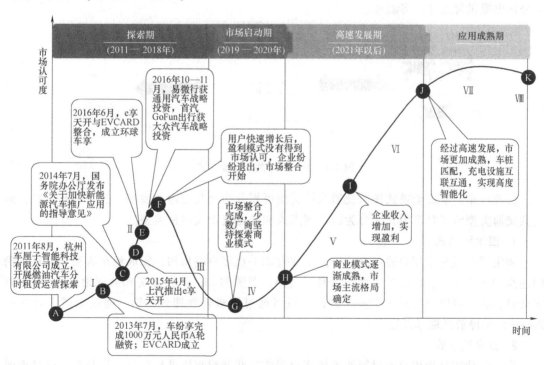

图 4-1　我国互联网出行共享汽车市场的发展阶段

（1）第一阶段：探索期（2011—2018 年）　共享汽车租赁涉及车辆、充电桩、停车位、线下运营等诸多环节，具有投入成本高、线下运营复杂等特点，行业不具备快速增长、快速复制性。此阶段车辆布局规模小，很多运营企业处于商业模式的测试阶段，企业普遍处于亏损状态。

（2）第二阶段：**市场启动期**（2019—2020年）　随着消费升级，市场接受程度进一步提升，商业模式逐渐成熟，各大企业加大布局规模。我国互联网出行共享汽车市场于2018年年底进入市场启动期。

（3）第三阶段：**高速发展期**（2021年以后）　此阶段共享汽车的商业模式逐渐成熟，市场的主流格局更加确定，与此同时，企业的收入增加，能够实现盈利。

（4）第四阶段：**应用成熟期**　经过高速发展时期，此阶段市场更加成熟，车桩更加适配，充电设施互联互通，实现高度智能化。

4.2　共享汽车商业模式

4.2.1　传统汽车共享商业模式

在互联网背景下，传统租车行业纷纷发力布局移动端，传统汽车共享商业模式主要依托OTA（Online Travel Agent）平台和租车平台，用户也可以通过App直租，如图4-2所示。各大主流在线租车平台由线上向移动端移动，均以基本的租车预订为主，神州租车、至尊租车等平台还提供代驾业务，即专车服务；同时，在用户就近租车、就近还车的基础上，许多租车公司也提供异地还车等服务。

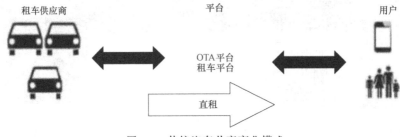

图4-2　传统汽车共享商业模式

传统汽车共享商业模式按照交通载体类型可划分为公共交通类型和非公共交通类型，而公共交通类型汽车共享模式又分为固定网点式和自由流动式两种类型。

1. 固定网点式

固定网点式是指用户通过电话、网络或智能手机客户端预约，完成租车活动后需将车辆归还至初始租车点，按小时或里程计费。例如，美国的Zipcar在北美和欧洲地区拥有85万名会员，会员可以直接登录Zipcar的网站或者通过手机软件搜寻车辆，通过会员卡直接在Zipcar汽车停放区取车及还车。

2. 自由流动式

自由流动式是指用户通过智能手机客户端或互联网对车辆进行定位，找到离自己最近的租车点，提前15~30min预约，按分钟计费，停车费也包含在内，然后在指定的公共停放区域就近还车，无须归还至初始租车点，如德国即行（Car2Go）模式。此外，传统汽车共享商业模式中的非公共交通类型，如货车，通过共享资源，可实现货车与货运需求共享匹配，提高货车运输的装载率，降低货车回程空返率，迅速成为物流行业共享物流模式的热点。

4.2.2 新型汽车共享商业模式

新型汽车共享商业模式主要是整合闲置驾驶员与车辆，通过智能平台为用户提供出行服务，如图 4-3 所示。用户通过移动互联网技术预约，由平台将供应方和需求方进行最优匹配，帮助用户实现高效率位移的创新性出行。

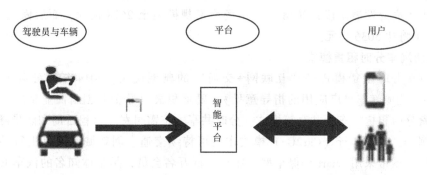

图 4-3 新型汽车共享商业模式

1. P2P 市场

P2P（Peer to Peer）市场的目标是为闲散的买家和卖家创造交易活动。在汽车共享中，拥有汽车所有权的人可以利用平台将闲置的汽车出租，租赁者通过互联网搜索自己中意的车辆，但是所有权依然只属于车主。这种 P2P 模式可以有效解决市场核心的一些问题：首先是出租者和租赁者的匹配问题，降低搜索摩擦；其次是规范市场，使价格更具有竞争性；最后则是确保交易的安全性和可靠性。例如，Getaround 作为 P2P 模式的年轻代表，于 2011 年正式上线，为人们提供社会化的租车服务。Getaround 不仅是一个租车平台，还提供相关保险、24h 道路援助等用户支持服务。Getaround 在 2019 年收购欧洲市场份额的最大竞争对手 Drivy 后，其用户总数超过 500 万人。

2. 互联网约租车

互联网约租车的出现使得人们的交通出行方式更加灵活，也更好地满足了人们的出行个性化和高品质的需求。这主要基于移动设备的用户地理位置获取，能够方便地提供与位置相关的一切信息和服务，也可以实时跟踪与监控，保障交易双方的安全。

据 2020 年 7 月数据显示，Uber 估值 532 亿美元，业务范围已经覆盖全世界 22 个国家超过 60 个城市，提供的服务内容也非常多元化，能够为价格敏感度及时间不同的消费者提供更加个性化和定制化的服务。同时，Uber 提供高端快递行业，在城市内进行物流配送服务。Uber 不同于 P2P 模式之处在于除了提供车辆，也需要提供服务（劳动力）。Uber 的企业竞争力主要得益于其利用智能手机完成即叫即来的服务，通过溢价模式换取高质量服务，利用高效的互联网算法进行道路交通资源的计算和优化。

在国内，互联网约租车服务大量涌现，如占据较大市场份额的滴滴打车、顺风车、AA 拼车等。2014 年 1 月，北京出台《小客车合乘指导意见》（以下简称《指导意见》）。允许合理分摊合乘费用被写入《指导意见》，拼车服务的合法性被承认。互联网约租车服务发展至今，网络约车服务在用户线上用车中占据了很大比例。2018 年，网约车的竞争态势仍在不断升级，越来越多的企业将触角伸至网约车领域。自2018年年初以来，跨界进入网约车行业的包括美团、高德、携程以及重新入局的易到用车，再加上此前深耕多年的神州专车、首汽约车、曹操专车（2019年2月升级为"曹操出行"）以及嘀嗒出行。自主品牌巨头之一的吉利汽车携手戴姆勒也将进军网约车市场。2018年9月，哈啰单车更名为哈啰出行，推出了网约出租车业务。目前，互联网出行的"主场"集中在一、二线城市，其渗透率较高，而三、四线城市仍是等待挖掘的巨大蛋糕。2017年，我国互联网出行市场规模达2120亿元，已进入高速发展阶段；2018年，市场交易规模增至2678亿元，而后恢复平稳增长，预计2022年将达5036亿元。

3. 电动汽车分时租赁模式

电动汽车分时租赁模式是"互联网+交通"的典型代表。2014年国务院办公厅发布《关于加快新能源汽车推广应用的指导意见》，要求积极引导企业创新商业模式，在个人使用领域探索分时租赁、车辆共享等模式。分时共享、按需付费、全程自助和随借随还是其主要特点。例如，德国即行（Car2Go）模式作为可持续交通、创新城市绿色出行的典范，在欧美多个核心城市采用smart环保车型，拥有上百万名会员，是全球知名的汽车共享服务项目之一。其即时出发、随性出行、没有诸多繁复的手续、无须等待、可就近取车等优势，已成为城市公共交通系统重要的一部分。相关数据表明，一台即行（Car2Go）车辆可以代替13辆私家车。法国Autolib模式是全球最大的电动汽车租赁项目之一，拥有3000多辆电动汽车和6000多个充电桩。Autolib曾被奉为"巴黎市交通未来"、城市现代化的象征，代表了移动出行的革命，但由于长期亏损，2018年6月Autolib将巴黎的共享汽车全部撤出。

我国也在积极推进电动汽车分时租赁项目。例如，易卡绿色租车模式通过在线预订和门店预订两种方式，全程自助刷卡还车。杭州的"微公交"模式拥有4个可充换电智能立体车库租赁点，平面网点有46个，主要分布在交通枢纽、人口密集区以及商业中心等。然而，传统汽车共享模式的地理规模覆盖面比较有限，同时，企业在管理共享汽车时通常采用会员制，并且在租赁或购买整个车队时需考虑预付和固定成本，因此，每一辆可共享汽车都尽可能设于人口密集且潜在消费者较多的区域，以此来抵消部分成本。研究表明，在距离每一辆车1/4mile⊖的范围内必须有25名活跃会员居住，才可以充分保证共享汽车的使用率。

从国内来看，随着神州租车、一嗨租车等大型连锁租车公司的快速发展，用户使用习惯随着租车平台和租车App的兴起正在养成。典型租车企业一嗨租车覆盖全国70多个城市500多个网点，并在2013年12月获得携程领投的1亿美元融资，其订单超过70%来自网络，其中20%订单来自移动端App。与著名国际租车公司Enterprise Holding合作后，为其实现更大规模的发展提供了资金资助，同时拓展了国际业务，现已在北美和欧洲地区上线国际租车频道。

4.2.3 共享汽车商业模式下的汽车供应特征

共享汽车供应特征主要是指汽车租赁企业根据消费者需求的变化对共享汽车租赁点设置以及调度策略变化的特征。

⊖ 1mile=1609.344m。

1. 共享汽车租赁点设置

共享汽车租赁点的规划布局是共享汽车企业进行网络化发展的依据，对于共享汽车企业的战略发展具有重要意义。共享汽车租赁点的选址问题是影响共享汽车企业经济效益的重要因素之一。对提供共享汽车租赁服务的企业而言，它直接决定了在有限的、特定的区域内吸引潜在用户的数量，从而影响其盈利情况。在设立共享汽车租赁点前研究规划布局问题，就是为了实现共享汽车租赁点区位的最优化，增强共享汽车企业在布局区域内的竞争力，使其具有最大的客流吸引力以及合理的服务范围，以满足附近消费者的租车需求。根据国内外共享汽车发展历史，为了满足消费者需求，共享汽车租赁点的设置方式可分为以下三种：

（1）根据城市需求设置 共享汽车企业在总部下设几个行政大区，这些大区依据行政区域的地理位置或负责半径距离设定。每个大区的分部对其管辖的城市发展情况、消费者需求和未来发展潜力等进行评估，最后综合各个因素，设立城市共享汽车租赁公司，管理城市网点，最终形成密集的共享汽车租赁服务网络。

同时，也可采取共享汽车企业总部直接设置并管理各个城市的网点的扩展方式。但是由于监督和管理力度不足，这种设置方式会导致参与租赁网络的城市比较少，而且一个城市中的汽车租赁点也相对较少。当前，为了控制城区过度扩张，以及疏散过分集中的人口和工业企业，我国一些地区在大城市外围建立了卫星城。为了满足在主城区和卫星城之间往返的消费者群体需求，共享汽车租赁公司通常会选择在卫星城中设置汽车租赁点。

（2）根据消费者需求设置 根据消费者需求设置共享汽车租赁点是长期汽车租赁服务商采取的租赁网络构建方式。消费者通过注册会员，交纳订金，与汽车租赁企业签订合同，建立长期的合作关系。在租赁网络建立并扩张之后，如果在新开展业务的地区有租车需求，提供汽车租赁服务的企业也会在相应的城市设立门店和分管部门，为消费者提供汽车租赁服务以及全方位的租赁汽车维护与修理等售后服务，满足消费者不同时间段的用车需求，以及取车和还车地点的多样化需求。采用这种面向消费者需求建立的汽车租赁点，汽车租赁企业只需要承担较低的风险，就能收获较稳定的收益。

（3）根据区域需求设置 根据区域需求设置共享汽车租赁点是指共享汽车租赁服务与餐饮业、宾馆、汽车销售4S店和维修店以及在线旅行服务商等相结合，通过与这些共享汽车租赁需求充沛的产业服务相依托，建立共享汽车租赁点。商务人员、游客等在酒店、宾馆居住，他们中的大多数人一般不会自己驾驶车辆，但是却有较大的用车需求，共享汽车租赁公司可为这类群体提供租车服务。共享汽车服务商可以将汽车租赁点布设在酒店、宾馆内，依托这些有需求的服务业实体，建设并扩张共享汽车租赁服务网络。为了满足旅游季节性、享受性等特点以及游客个性化、多样化的用车需求，共享汽车公司可以将汽车租赁点设置在著名景点附近，使得游客可以在景点之间以及周围随意往返，自由安排行程。这种结合体现了共享汽车的优势，促进了行业的快速发展。

2. 基于动态定价的共享汽车自适应调度策略

汽车共享在解决居民个性化出行需求的同时，也能缓解汽车产业发展带来的负面影响。狭义地讲，汽车共享即指汽车分时租赁。汽车分时租赁模式可分为往返式和单程式两种：往返式汽车分时租赁要求用户在同一网点取还车，单程式汽车分时租赁的用户可在任意网点取还车。单程式相对于往返式更加灵活便捷，可满足用户多样化的出行需求，如购物、娱乐、通勤及某些偶然的出行需求。近年来，国内出现的许多汽车分时租赁项目也多为单程式。但是，单程式取还车的灵活性给汽车分时租赁运营商在租赁网络的管理维护上带来了困难。各网点很难做到车辆供给与需求的平衡，可能出现有的网点车辆堆积，用户无法还车，而有的网点无车可租，造成订单流失，用户体验较差。因此必须确定有效的车辆调度方案，缓解汽车分时租赁系统的供需不平衡。

汽车共享在满足居民日益增长的出行需求的同时，也能有效缓解私家车快速发展带来的交通拥堵等问题。但由于用户出行随机性的特征，汽车共享供需平衡的解决成为关键。用户自适应调度作为一种有效的解决办法被提出。汽车分时租赁自适应调度策略的核心在于利用价格杠杆调节用户网点借车需求及网点还车需求，因此，了解消费者对分时租赁服务价格的敏感性至关重要。在网点借车时，通过价格调整影响消费者预约订车行为，一般而言，当价格上升时，需求会下降，反之亦然；在网点还车时，可以通过价格优惠引导消费者将车还至车辆稀缺的附近网点。

(1) **借车需求价格弹性模型** 借车需求价格弹性以汽车分时租赁需求价格弹性系数 E 来进行描述，即

$$E = \frac{(Q_1 - Q_0)}{(P_1 - P_0)} \times \frac{P_0}{Q_0} = \frac{\Delta Q}{\Delta P} \times \frac{P_0}{Q_0} \tag{4-1}$$

式中　P_0——商品变动前的价格，即原来价格；

　　　P_1——商品变动后的价格；

　　　Q_0——价格变动前的需求量；

　　　Q_1——价格变动后的需求量。

当 $E>1$ 时，借车需求富于弹性，消费者对汽车分时租赁价格的变化非常敏感，仍需培养消费者的使用习惯以增加其需求性；当 $E=1$ 时，单一弹性，即需求量的变动等于价格的变动；当 $E<1$ 时，借车需求缺乏弹性，消费者受汽车分时租赁价格变化的影响较小。

(2) **价格激励调整方案消费者接受度模型**

$$\ln\left(\frac{P_1}{P_2}\right) = \ln\left(\frac{P_1}{1-P_1}\right) = 0.716x_0 - 0.576x_1 - 3.21 \tag{4-2}$$

式中　P_1——价格激励调整方案消费者接受度（%）；

　　　P_2——价格激励调整方案消费者拒绝度（%）；

　　　x_0——费用折扣；

　　　x_1——目的地与还车网点的距离。

(3) **闭环负反馈的自控制模型** 闭环负反馈的自控制模型如图4-4所示。自控制模型旨在以动态定价机制缓解系统的供需不平衡。在此过程中，系统不拒绝任何订单，除非网点无车可取。此模型可描述任意时段 t 结束时刻，网点 n 的车辆数量与初始时刻车辆数量、该时

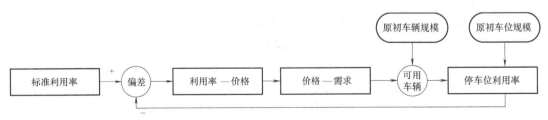

图4-4　闭环负反馈的自控制模型

段内借车数量和还车数量之间的相互关系，即

$$S_n(t+1) = S_n(t) - B_n(t) + R_n(t) \tag{4-3}$$

式中　$S_n(t+1)$——第 $t+1$ 时段结束时网点 n 的可用车辆数，其中，$n \in N$，$t \in T$；

　　　$S_n(t)$——第 t 时段结束时网点 n 的可用车辆数，其中，$n \in N$，$t \in T$；

　　　$B_n(t)$——t 时段前往网点 n 租赁汽车的消费者数量，即实际借车数量；

　　　$R_n(t)$——动态价格情况下，t 时段前往网点 n 送还汽车的消费者数量，即实际还车需求。

实际借车数量需要通过对网点车辆规模能否满足消费者的借车需求进行判断，取第 t 时段结束时网点 n 可用车辆数 $S_n(t)$ 与 t 时段预订网点 n 处租赁汽车的消费者数量的最小值作为实际借车数量，即

$$B_n(t) = \min(S_n(t), T_n(t)) \tag{4-4}$$

式中　$T_n(t)$——动态价格情况下，t 时段预订网点 n 处租赁汽车的消费者数量，即实际借车需求。

在此模型中，借车需求根据需求价格弹性系数随价格的变化而变化，即

$$T_n(t) = T_n^*(t) - E \frac{P_n(t) - P_0}{P_0} T_n^*(t) \tag{4-5}$$

式中　$T_n^*(t)$——原初价格情况下，t 时段预订网点 n 处租赁汽车的消费者数量，即原初借车需求；

　　　$P_n(t)$——t 时段网点 n 处借车时的服务价格（元/min）；

　　　P_0——当前租赁服务价格（元/min）。

在实际情况下，价格弹性系数会随着时间和价格变化幅度的变化而变化，并非一个常量。因此，实际还车需求在原初还车需求的基础上，还需考虑由价格变动带来的还车网点的改变。

$$R_n(t) = R_n^*(t) + r(R_n(t), P_n^*(t)) \tag{4-6}$$

式中　$R_n^*(t)$——原初价格情况下，t 时段前往网点 n 送还汽车的消费者数量，即原初还车需求；

　　　$r(R_n(t), P_n^*(t))$——将租赁车辆由原拟定还车网点 n^* 改变为网点 n 的消费者数量减去将租赁车辆由原拟定还车网点 n 改变为网点 n^* 的数量。

通过调查可知，影响消费者改变还车网点的关键因素有减免金额、原拟定还车网点与实际还车网点的距离。其计算公式为

$$\ln\left(\frac{\theta_{n^*,n}(t)}{1-\theta_{n^*,n}(t)}\right) = 0.716\Delta P_{n^*}^*(t) - 0.576 d_{n^*,n} - 3.21 \tag{4-7}$$

式中　$\Delta P_{n^*}(t)$——网点 n 在 t 时段的优惠力度，即

$$\Delta P_{n^*}(t) = 10\left(1 - \frac{P_{n^*}(t)}{P_0}\right) \tag{4-8}$$

　　　$d_{n^*,n}$——原拟定还车网点与实际还车网点的距离；

　　　$\theta_{n^*,n}(t)$——消费者将原拟定还车网点 n 改变为实际网点 n^* 的可能性，即

$$\theta_{n^*,n}(t) = \frac{\exp\left(7.16\left(1-\frac{P_{n^*}(t)}{P_0}\right)-0.576d_{n,n^*}-3.21\right)}{1+\exp\left(7.16\left(1-\frac{P_{n^*}(t)}{P_0}\right)-0.576d_{n,n^*}-3.21\right)} \quad (4-9)$$

在实际情况中，消费者不可能考虑系统内所有网点提供的价格减免激励，只可能考虑几个离自己较近的推荐网点。为了限制领域网点的数量，消费者选择接受汽车分时租赁系统各网点价格激励的概率之和不大于1，即

$$\sum_{n^*,n \in N, n^* \neq n} \theta_{n^*,n}(t) \leq 1 \quad (4-10)$$

此外，还需考虑到一个约束条件，即该动态定价模型假设条件已经明确车队规模保持不变，即

$$\sum_{n \in N} r(R_n(t), P_{n^*}(t)) = 0 \quad (4-11)$$

上述环节已经构建了动态定价的主体模型，但尚未形成闭环负反馈。闭环负反馈的核心在于描述系统状态与价格之间的关系，即各网点车辆利用率与价格之间的函数关系式。当网点停车利用率大于标准利用率时，该网点车辆数目过多，可降低借车服务价格以吸引消费者借车，或抬高还车价格以降低消费者在该网点还车的可能性；反之亦然。计算公式为

$$\omega_n(t) = \frac{S_n(t)}{Z_n} \quad (4-12)$$

$$P_n(t+1) = P_n(t) + c_1(\omega_0 - \omega_n(t)) \quad (4-13)$$

$$P_{n^*}(t+1) = P_{n^*}(t) + c_2(\omega_0 - \omega_n(t)) \quad (4-14)$$

式中　　$\omega_n(t)$——网点 n 在第 t 个时间段内停车位平均利用率；

Z_n——网点 n 的规模，网点的规模取决于停车位的数量；

ω_0——停车位标准利用率；

c_1——借车服务价格对库存水平变化的敏感性；

c_2——还车服务价格对库存水平变化的敏感性；

$P_n(t)$——借车服务价格（元/min）；

$P_{n^*}(t)$——还车服务价格（元/min），即实际用车服务价格。

为了不使消费者对价格变动产生排斥，同时保证汽车分时租赁营运商的收入，对借车服务价格及还车服务价格进行边界限制是必要的，即

$$P_{\min} \leq P_n, P_{n^*} \leq P_{\max} \quad (4-15)$$

为了评价动态定价模型缓解汽车分时租赁系统不平衡的效果，引入 MBE（Mean Balancing Error），即系统整体不均衡指数。计算公式为

$$\text{MBE} = \frac{1}{N}\sum_{n=1}^{N}\frac{1}{T}\sum_{t=1}^{T}|\omega_n(t)-\omega_0| \quad (4-16)$$

3. 共享汽车租赁模式下解决汽车供需不平衡问题的方法

为解决汽车分时租赁系统供需不平衡的问题，主要有以下四种方法：①人工调度，即员工将车辆从富余网点调至稀缺网点；②订单择优，即根据订单对系统平衡的影响决定是否接受该订单；③优化布局，即在运营之初做好网点选址及车辆配置工作；④自适应调度，即以

价格为杠杆调节各个网点的需求量。其中，前三种方法受到国内外诸多科研学者关注，而自适应调度策略领域研究还比较少。但就实施效果比较而言，人工调度车辆的方案具有较长的滞后期，且成本较高；订单择优策略降低了订单接受率，对用户体验造成损害；由于消费者需求变动，事先优化网点布局与车辆配置的方法无法有效缓解实际运营中的供需不平衡；自适应调度策略则可以利用价格激励改变消费者行为，实时缓解系统供需不平衡。

在制定租赁汽车调度策略之前，必须明确在任意时刻共享汽车租赁服务网络中的任意一辆汽车都处于以下三种状态之一：租户使用、空车调配和网点停靠状态。因此，车辆调度问题的实质就是为每一辆汽车规划在某一特定时间的状态，而具体调度策略如何制定，则需根据消费者需求、租赁网点设置、即时响应等情况来考虑。共享租赁汽车调度策略的制定需要遵循以下原则：

(1) **供需平衡原则** 汽车租赁服务提供商最基本的任务就是在消费者需要之时及时、便捷地为他们提供合适的车辆，满足消费者需求。当服务网点提供的车辆数量不足，不能满足消费者需求时，应从车辆供给过量的网点或公司总部将汽车调配到缺车网点；当服务网点的停车位不足时，应将该网点的空闲车辆调度到空闲停车位过多的网点。综合、全面地考虑车辆供给不足和停车位不足的所有网点，有效规划，有利于最大限度地满足消费者需求，减少网点停靠车辆的数量，降低调配频率。

(2) **收益最大化原则** 在特定时间段，为特定租赁网点制定调度策略时，以接受预订的订单所能创造的收益值大小对任务进行排序，再优先将车辆分配给预计收益较大的任务。该调度策略能够有效解决一个网点同时接受多个任务需求订单时的任务决策。如果每个订单的收益相同，那么按下单时间先后进行排序，优先给时间靠前的任务分配车辆，尽量在满足需求的前提下，使空车分配所创造的收益最大。

(3) **成本最小化原则** 共享租赁汽车调度的成本最小化原则，即在进行空车调配时，制定的策略要保证从调配所花成本最小的网点调配车辆到需车网点。同时，该调配成本应该不仅仅单纯考虑使每时段的成本最小，还应综合考虑整个服务周期内不同网点之间车辆调度的成本。在保证高水平服务的情况下，用尽可能少的调度费用满足所有消费者需求。

汽车共享系统的主要问题是需求对供给特征的影响以及供给对需求的影响。为了描述单向汽车共享系统，构建汽车共享租赁系统反馈图，如图4-5所示。图中R为正反馈，B为负反馈。

从图4-5a中可以看出：当网点1的汽车总数较多时，能满足消费者更多的需求。并且网点1的汽车可以转移到网点2，同时在网点之间存在相应的时间延迟。如果一个行程内，在网点2取车的消费者要到网点1还车，那么两个网点之间的循环次数就会增加，其中最重要的行为指标是需求模式、延迟时间和每个网点的容量。需求模式控制着车辆转移方向，而延迟时间则决定了一个网点车辆的可取时间。

但是，几乎没有汽车共享租赁系统只有两个网点。在图4-5b中，整个循环被打破，可以从网点2向其他网点进行车辆的调度；如停止向网点1调度车辆，将会限制网点1的满意度。

因此，如何确定选址的位置和数目，以及如何对各网点之间的车辆进行合理有效的调度，对于既保持供应的低成本性，又保证需求的满意度，同时发挥共享汽车的经济性和环保性具有至关重要的意义。

4. 案例分析

选取 EVCARD 电动汽车分时租赁项目的 5 个特征网点进行模拟，该 5 个网点均具有人流量大、取还车时间相对集中的特点，较为典型。根据百度地图计算选择行车导航获得网点距离，见表 4-1。各网点初始车辆和停车位数目见表 4-2。根据初始车辆和停车位数目的比例来计算，初始停车位利用率均值为 80%。

根据调研，每日汽车分时租赁用车时间主要集中在 7：00～22：00，为简化计算，忽略 22：00 至次日 7：00 的订单。以 1h 为时间段标准，则 7：00～22：00 共有 15 个时间段，即 $T=15h$。在符合日常使用规律的前提下，选取某一天的运营情况作为案例，进行基于动态定价的自适应调度模型验证。

在验证该模型可行性时，假定最低价格 $P_{min}=0.4$ 元/min，$P_{max}=0.8$ 元/min；借车服务价格对库存水平变化的敏感性 c_1 与还车服务价格对库存水平变化的敏感性 c_2 均为 1。经过模拟仿真计算得出不同时间段不同网点借车及还车的自适应调度策略价格矩阵，见表 4-3。

以当日订单服务价格均值与系统不平衡指数作为评判自适应调度策略模型有效性的两大标准，前者与系统盈利能力相关，后者反映系统供需平衡程度。未经自适应调度策略调整和经过自适应调度策略调整之后的结果对比见表 4-4。

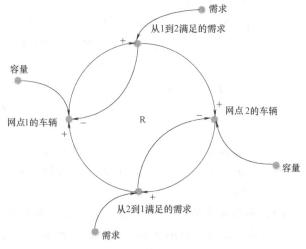

a) 两网点系统

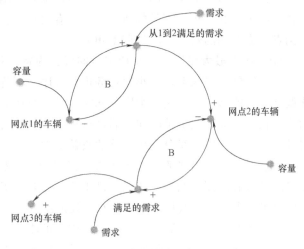

b) 多于两网点系统

图 4-5 汽车共享租赁系统反馈图

表 4-1 租赁网点空间相对距离　　　　　　　　（单位：h）

网点	A	B	C	D	E
A	0	2	10	8	3
B		0	10	9	3
C			0	3	12
D				0	6
E					0

表 4-2 网点初始车辆、停车位分布情况

项目	网点				
	A	B	C	D	E
车辆数目/辆	10	6	5	8	6
停车位数目/个	12	8	6	10	8
停车位利用率(%)	83.3	75.0	83.3	80.0	75.0

表 4-3 自适应调度策略价格矩阵 （单位：元/min）

时间段	A		B		C		D		E	
	借车	还车	借车	还车	借车	还车	借车	还车	借车	还车
1	0.58	0.62	0.53	0.67	0.68	0.52	0.41	0.79	0.74	0.46
2	0.56	0.64	0.40	0.80	0.80	0.40	0.56	0.64	0.51	0.69
3	0.66	0.54	0.40	0.80	0.80	0.40	0.43	0.77	0.57	0.63
4	0.65	0.55	0.40	0.80	0.80	0.40	0.50	0.70	0.72	0.48
5	0.62	0.58	0.40	0.80	0.80	0.40	0.64	0.56	0.77	0.43
6	0.60	0.60	0.40	0.80	0.40	0.80	0.77	0.43	0.58	0.62
7	0.71	0.49	0.40	0.80	0.40	0.80	0.80	0.40	0.46	0.74
8	0.80	0.40	0.40	0.80	0.40	0.80	0.40	0.80	0.40	0.80
9	0.76	0.44	0.40	0.80	0.40	0.80	0.55	0.40	0.40	0.80
10	0.60	0.60	0.40	0.80	0.40	0.80	0.41	0.79	0.57	0.63
11	0.61	0.59	0.40	0.80	0.40	0.80	0.40	0.80	0.77	0.43
12	0.61	0.59	0.40	0.80	0.40	0.80	0.40	0.80	0.65	0.55
13	0.55	0.65	0.75	0.45	0.40	0.80	0.40	0.80	0.63	0.57
14	0.53	0.67	0.80	0.40	0.40	0.80	0.40	0.80	0.72	0.48
15	0.59	0.61	0.40	0.40	0.40	0.40	0.40	0.80	0.80	0.40

表 4-4 自适应调度策略模型结果对比

模型	$P_{\min}$	$P_{\max}$	$\hat{P}$	MBE
未经自适应调度	0.6000	0.6000	0.6000	0.5886
自适应调度	0.4000	0.8000	0.6012	0.3405

通过对比分析可以看出，当分时租赁服务价格在 [0.4, 0.8] 区间内变动时，系统当日服务价格均值几乎没有变动，而系统整体不平衡指数却从 0.5886 降至 0.3405，降幅高达 42%，效果显著。这表明，自适应调度策略可在不降低系统盈利能力的同时，有效缓解系统的供需不平衡指数，达到了预期效果。

4.2.4 汽车共享公司商业模式示例

1. 即行（Car2Go）

即行（Car2Go）是戴姆勒股份公司旗下的子公司，2008 年成立于德国乌尔姆，2018 年 3 月 28 日，宝马和戴姆勒将 DriveNow 和 Car2Go 等共享出行业务进行整合，目前在欧洲和北美洲八个不同国家的 30 个城市提供汽车共享服务。该公司是第一家实施免费浮动汽车共享服务的公司，也是全球汽车共享市场中最大的参与者之一。公司运营的每个地点的商业模式

都是相同的,提供自由浮动租赁。

即行(Car2Go)战略的一个关键要素是在城市中大规模运营,覆盖车队中拥有大量车辆的最重要的中心区域。因此,该公司旨在通过其高可用性车辆满足用户需求,创造更多收入并保证更高的用户满意度。车队的特征也在品牌识别中起着关键作用。该车队完全由汽油或电动车辆(在部分城市推出)smart for two 车辆组成,由 Smart Automobile(戴姆勒股份公司的一个部门)生产。所有车辆的车身都涂成白色和蓝色,并印有公司名称、标识和标语,以营造强烈的视觉形象,使车辆成为营销渠道,提升品牌知名度。订阅费(在新客户注册时收取)和租赁费(包括租金、燃料消耗、里程、保险、授权区域停车和维护)是公司的两个主要收入来源。

用户可以通过即行(Car2Go)网站、智能手机应用程序或直接在停放车辆的街道上查找和预订车辆,网站和应用程序也作为营销和沟通渠道。即行(Car2Go)的用户主要集中在年轻的职场工作者,其价值主张是提供创新和环保的运输服务及灵活的城市交通。该服务旨在补充可用的交通选择,满足用户对公共交通服务不满意或需要使用私人车辆的需求。其他渠道可以覆盖更广泛的人群并获得新用户,这些渠道是在城市人流量大的地区推出的营销活动,特别是当公司在新地点开展业务时。客户关系是自动化的。客户界面由网站和应用程序组成,这些网站和应用程序的开发旨在为用户提供自助服务。

2. Enjoy

Enjoy 是意大利石油和天然气公司埃尼集团(ENI)和意大利车企菲亚特合作推出的汽车共享公司,于 2013 年年底开始在米兰运营并取得了巨大成功,经过几年时间已成为意大利第一家拥有 57%用户数的共享汽车运营商。除了米兰,该公司还在罗马和佛罗伦萨运营,并于 2015 年上半年在都灵推出了服务。Enjoy 商业模式是基于自由浮动的汽车租赁模式,用户可以在公司网站上免费注册,公司运营的每个地点的商业模式都是相同的。

Enjoy 与当地政府达成协议,允许车辆在市中心的有限交通区内流通,并可停放在常规的付费公共停车位。Enjoy 服务的主要客户群与其他汽车共享公司类似,包括私人用户和企业客户。Enjoy 每分钟的使用费包括燃料、停车、维护和保险费用,但同时也提供每小时和每日折扣的优惠。

意大利铁路公司 Trenitalia 与信用卡公司 CartaSi 两家公司是 Enjoy 的主要合作伙伴。此两家公司都受益于交叉营销,每家公司都在其客户渠道中宣布合作伙伴服务。Enjoy 还与其他供应商建立了合作关系,例如专门从事汽车清洁和服务团队统一供应商的公司,与其他汽车共享公司类似,其价值主张是服务的可访问性、灵活性、实用性和环保特性。

客户关系是自动化的,客户界面主要包括网站和移动应用程序,这些应用程序的开发旨在为用户提供自助服务的各种必要手段。24h 运营的呼叫中心也可以为用户提供帮助。Enjoy 不向其用户收取注册费或固定年费,因此租赁费是其主要收入来源,该公司收取每分钟全包费用。Enjoy 还需要向市政当局支付年费,例如可以将车辆停放在任何标准的付费停车位并在有限的交通区域内流通。

3. IoGuido

IoGuido 成立于 2002 年,是都灵的第一家汽车共享公司,由市政府管理,是汽车共享倡议(ICS)的准成员,也是由意大利环境部推动和维持的国家协调机构。IoGuido 提供两种不同的租赁方式:一是经典模式,即客户必须将汽车交付到最初租赁的同一停车区域;二是单向租赁，即客户可以将汽车送到与此前不同的停车区域。在这两种方式下，用户必须先预订，指明想要租赁的车辆、初始位置（根据可用性）、租赁期以及租赁结束时交付汽车的位置。除了每小时固定费用外，公司还收取每公里费用，价格因所选择的车辆、租赁条件（经典或单程）和一天中的不同时段而不同，并且每公里的费用随着行进距离的增加而减少；此外，还提供每日租赁服务。

IoGuido 的主要客户群既有私人用户又有企业客户，其主要任务是为共享汽车做补充或替换车队。其用户还有公共实体，如城市市政当局。公司为用户提供使用私人车辆的可能性，而无须拥有私人车辆。用户认识到公司车队中各种车辆的价值后，可以根据不同的需求选择车型。接触用户的主要渠道是公司网站、智能手机应用程序以及与其他汽车共享公司不同的呼叫中心，通过该呼叫中心，用户可以自行注册并预订汽车。因此，客户关系主要是自动化的，界面由网站和应用程序组成。

除了租赁费之外，IoGuido 还向其用户收取年费，以保持其个人资料的有效性。年费根据用户特征（私人用户或公司客户）和服务选项而有所不同。用户可以选择支付年费方式，在一年内拥有一定的服务，或者可以在每次使用服务时支付较少的固定起动费（不包括每小时和每公里的费用）。

IoGuido 商业模式所需的关键公司资源包括车队、专属停车位、服务团队以及网站和智能手机应用程序。除了汽车租赁外，还必须进行其他关键活动以保持业务正常运行，如车辆维护（包括清洁和加油）、车队管理（车辆重新定位，检查车辆是否在适当的地点交付等）和客户服务。IoGuido 与意大利环境部联合建立了 ICS（技术、法律和财务支持）的主要合作伙伴关系。作为一个由市政府经营的公共服务公司，公司会在某些方面享有优惠，如用户在街上停车的费用、公共区域的指定停车位、车辆限制流通的权利以及税收等。该公司还寻求与其他公司（如零售店、购物中心和大学）建立进一步的合作伙伴关系，从而在这些停车场和/或其他合并协议中提供专属停车位；开展促销活动，以吸引新用户。IoGuido 还与战略供应商建立了其他合作伙伴关系或协议，如汽车制造商、燃料分销商、保险公司，其中一些费用由意大利环境部提供补贴。在 ICS 组织的协助下，刺激市政当局发展汽车共享公司，以便通过综合的、更有效和更环保的方式改善城市交通服务。

4. Blue Torino

Bolloré 集团是一家在不同领域运营的国际公司，包括运输和物流。Blue Torino 是由该集团运营的汽车共享服务公司，于 2016 年在都灵开始运营，成为该市首家全电动汽车共享服务公司。2016 年年初，先期投入了 70 辆纯电动车，并为其配套修建了 100 个充电车位；到 2018 年年初，其将车辆扩充至 130 余台，充电区域 54 个，充电车位共计 250 个。

该公司旨在满足不同客户群的需求，包括频繁用户、临时用户和游客，提供不同的服务计划，以满足不同需求、特点的客户。Blue Torino 的服务基于由 Bolloré 集团与意大利汽车设计公司宾尼法利纳（Pininfarina）联合开发的电动 Bluecar，由意大利汽车制造公司 CE-COMP 生产。用户访问的主要渠道是网站和智能手机应用程序。通过这些渠道，用户可以获得有关公司的信息（服务内容、票价等），找到最近的车站后，检查可用的汽车、停车位或充电插槽，检查无误后进行预订。网站和移动应用程序也是公司的主要客户界面。固定每分钟费用是 Blue Torino 的主要收入来源，Blue Torino 的客户群主要是私人用户，年轻用户需要为额外的需求支付一定的特殊费用；此外，针对游客等可以选择单日订阅服务。

Blue Torino 的基本资源是车队、带停车位和充电设施的车站；以网站和智能手机应用程序作为主要用户接口，是提供服务的基础。为了管理运营，另一个关键资源是综合信息系统，其中包含有关收入流、档案、汽车可用性和定位的所有必要信息，这些是管理层正确运营服务的基本要求。

Blue Torino 的主要活动是车辆维护、车队管理和车辆充电，然而，该公司仍然需要管理车队，并最终重新定位可能过度集中在城市某些区域的车辆；另一项重要活动是客户服务，服务团队必须在各种需要的情况下协助用户，并且每天24h提供服务。此外，信息系统的开发和维护对公司的管理活动也非常重要。

5. Zipcar

Zipcar 于 2000 年在美国波士顿成立，主要以"汽车共享"为理念，其汽车停放在居民集中地区，会员可以通过网站、电话和应用软件搜寻需要的车辆，选择就近预约取车和还车，车辆的开起和锁停可通过一张会员卡完成。Zipcar 在 2011 年上市前共获得融资超 1 亿美元，上市首日市值突破 10 亿美元，2013 年被传统租车公司巨头 Avis Budget（安飞士）集团收购。

Zipcar 的收入来源主要有两类：会员业务收入（Fee Revenue）和租车业务收入（Usage Revenue）。会员业务收入包括申请费、会员费和不计免赔费，其中申请费 25 美元，80%用户选择的"偶尔驾驶套餐"（Occasional Driving Plan），会员费为 60 美元/年。租车业务收入则是在会员预约的小时数或天数的基础上乘以用时和车型、运营城市、工作日和周末的相关系数。一般来说，每小时租金最低 7 美元，最高 20 美元；日租金最低 70 美元，最高 160 美元。在 Zipcar 的收入结构中，会员业务收入占 15.55%，毛利率超过 50%；而租车业务本身带来的收入占 84.31%，毛利率较低。

Zipcar 投入运营的车辆来源有三种：自采、融资租赁和经营租赁。其中，自采车辆占比超过 70%，这对 Zipcar 的资金要求特别高，尤其是在开拓新市场时。Zipcar 的车队运营成本包括车辆租赁费用、折旧费、停车费、油费、保险、雇员开支和维修保养费用等，在规模效应未显现之前，这些几乎全为固定成本，下降空间有限。随着车队规模增加，公司整体营收上升，车队运营成本占收入的比重缓慢下降。但下降的原因主要是公司债务结构的改善，而非运营效率的提高。

4.3 共享汽车盈利模式

据前瞻产业研究院发布的《中国共享汽车商业模式创新与投资机会深度分析报告》统计数据显示，2019 年我国共享汽车行业的市场规模达 53.89 亿元，约为 2018 年的 2 倍。预测之后的五年，汽车分时租赁市场将以超过 50%的增幅继续发展。然而，值得一提的是，资本市场对共享汽车的热情追逐似乎很容易让人联想到之前共享单车市场的跌宕。打着共享旗号的汽车分时租赁市场，也隐现"烧钱"不止、难以盈利的行业怪状。从企业的角度看，共享汽车领域目前大部分企业还没找到可持续盈利模式；从政府的角度看，还没有适应新业态的治理模式；而从公众的角度来看，共享经济的消费习惯仍有待培养。

共享汽车受成本、指标、政策限制，无法像共享单车一样让用户就近取车、到达目的地或其周边就近还车。这就需要配备更多的车辆，铺就一张巨大的共享汽车服务网。共享汽车属于规模经济,企业要想通过方便用户用车的方式来获取用户,自然需要拥有庞大数量的汽车,进行重资产、重运营操作。当前共享汽车租赁市场车辆规模小,运营企业主要依靠车辆租赁收入回收成本。共享汽车租赁涉及车辆、续能、停车位、线下运营等诸多环节,投入高、收入少,满足用户需求与控制运营成本似乎无法调和。共享汽车平台的每辆车每天需完成6个订单,才能达到盈亏平衡线。

目前整个行业都处于亏损状态,区别只是亏多和亏少。平台成本除了车辆本身的采购费用,还包括停车位租金、车辆保险、运营人员的开支等。目前每辆车每天的成本在80元以上,加上调度费,要超过100元,而目前一辆共享汽车的行业平均收入只有80~100元/天。"共享汽车"的概念虽然火热,但其成本较高,风险也较大,如何实现盈利是众多企业面临的难题。

提高运营效率、降低运营成本、扩大运营规模成为当前的关键问题。共享汽车的盈利模式可以从以下方面考虑:

1. 投入

共享汽车是一个系统项目,不但涉及车、桩、位,还涉及企业运营的方方面面,其模式使其注定不会像共享单车一样大起大落,发展相对平稳,而这也导致大规模资本持观望态度,亿元以上融资金额屈指可数。

(1) **车辆成本** 车辆单价平均为5~10万,使资产相对于单车而言显得较为沉重。

(2) **充电及燃油成本** 充电成本平均1.5元/(kW·h),另外还可能产生额外的充电停车费;燃油型共享汽车费用受原油成本影响也十分严重。

(3) **停车位成本** 停车位的平均成本为200~500元/月,是除了车辆、电费、油费外最大的支出。

(4) **运维人员成本** 共享汽车企业不同于一般的互联网企业,其运营特性决定其在运营成本上会较一般的互联网企业高许多,平均每10~15辆汽车,就需要一人维护。

(5) **其他支出** 如车辆清洗费用、折旧费用、配件费用及查询违章系统费用等。

2. 收入

目前共享汽车的主要收益是靠租赁租金和少量广告(App或者微信公众号、小程序广告、车身广告、车贴广告等),还有一些增值服务项目(如车载Wi-Fi等)进行尝试。前期投入巨大,基本上各品牌都处于"烧钱"扩张期,短期内很难实现盈利。但是,这并不意味着永远不能盈利。在人口密度较高的城市,如北京、上海、深圳、武汉、广州、郑州、西安等城市,通过精细化运营开源节流,一方面提升客单量与客单价,另一方面可以在广告流量变现、商业拓展上多做文章,可以在部分城市或者区域提前实现盈亏平衡。

3. 融资情况

现在共享经济的热潮正逐渐褪去,但共享汽车看起来似乎不温不火,却已拿下一年超760亿元的融资规模,尤其是2018年5月,阿里巴巴集团注资立刻出行,给行业带来了生机。但共享汽车的发展注定还要走很长的一段路,尤其是专注于共享汽车行业的人才并不多,还需要一段时间的沉淀和培养。

此外,汽车行业,尤其是新能源汽车行业基于国家层面政策影响,车辆补贴和运营牌照的发放权都在政府部门手中,因此,共享汽车的发展一开始就是相对有序的。目前,全国过亿有本无车人群和万亿级市场容量是共享汽车发展的潜在市场。随着国人对共享汽车接受度的逐渐提高，相信未来资本会大举进入。

4.4 共享汽车运营模式

4.4.1 运营模式类型

共享汽车运营模式依据取还模式的不同主要分成两种：固定地点式汽车共享和自由流动式汽车共享。固定地点式汽车共享（Stationed Car Sharing）是指用户从固定停车点取车后，还车时需要将车返还到固定停车点，也称为往返共享，包括同地取还模式和异地取还模式。自由流动式汽车共享（Free-floating Car Sharing）是指用户不需要到固定停车点取车，借还模式相对灵活，可在运营范围的合法停车区域内随取随还，如停靠路边停车场、商场停车场、公共停车空间等，也称为单程共享。综合两种运营模式来看，分时租赁是一种主要的汽车共享方式，其取还车模式见表4-5。

表4-5 分时租赁共享汽车的取还车模式

取还车模式分类	网点分布特点	用户体验	运营成本
同一网点取还车（A点取A点还）	网点分布紧邻用户使用地点，车辆呈集中分布态势	体验较差，使用场景受限	成本低，车队管理简单
任意网点取还车（A点取B点还）	网点分布较为均匀，分布在潜在用户聚集区	体验较好，市场主流方式	调度成本高，网点车辆分布不均
指定网点取车自由还车（A点取X点还）	获得市政公共停车位使用权，用户承担部分超范围停车费	体验极好，接近自由流动理想状态	停车费用高，线下运营成本高
自由取还车（X点取Y点还）	无固定网点，可任意点取还车	体验最佳，分时租赁效果最佳	运营成本高，要求精细化管理

在很长一段时间，这两种运营模式被认为是矛盾和竞争的关系。但经过多方面的研究比较，有学者研究表明，两种模式各有适应的客户群，两者结合发展对城市交通的效益最大；也有学者认为，自由流动式汽车共享比固定地点式汽车共享对城市交通发挥的作用更大。

从目前国内的发展现状来看，由于自由流动式汽车共享存在技术和管理上的难题，大部分公司采用固定地点式的运营模式，少部分采用自由流动式。两种模式各有特色和服务优势，彼此不是竞争关系，更是互补关系，以满足用户的多种出行需求。共享汽车的不同取还模式如图4-6~图4-8所示。

图4-6 同地取还模式（A to A）

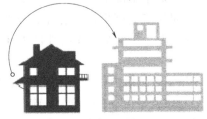

图4-7 异地取还模式（A to B）

图4-8 自由流动取还模式（X to Y）

共享汽车一般是由机构或公司提供和维护，可以供给公众使用的汽车。合法用户可以使用任何一辆空置的车辆，使用时仅获得汽车的使用权，按小时甚至按分钟收费，在使用期间，根据企业与用户之间的协议承担相关责任。共享汽车适用于城市短途出行，适用范围与出租车相当，甚至可以在一个生活圈或商业圈内替代私家车。

共享电动汽车的运营使用涉及汽车产业链的上下游，如图4-9所示。共享汽车平台从整机厂采购车辆，与公共服务机构达成合作，获取城市内的停车位等相关服务，自行研发或与软件公司合作研发运营软件，与通信运营商合作实现汽车的网络覆盖；将汽车投入市场后，与保险公司和汽修公司合作对汽车进行维护。当前运营的短时租赁汽车中，电动汽车和燃油汽车共存，双方各有优势。但从未来技术的发展路线来看，新能源汽车将是主流发展方向。

目前，共享汽车已经形成了比较大的市场，并且进一步走向成熟。整车企业是出行的主角之一，其加入共享汽车行业的方式包括独立建立共享汽车平台、投资已有平台与已有平台合作等。早期加入共享汽车市场的企业，如戴姆勒集团、宝马公司均成立了自己的出行平台，丰田、大众、通用汽车公司等车企巨头选择投资已有平台，其他企业也与已有平台达成合作可提供共享汽车。合理的共享汽车运营模式应该具有以下特点：

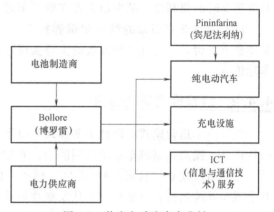

图4-9 共享电动汽车产业链

（1）**汽车制造商参与平台搭建** 共享汽车产业虽然是新兴行业，但是在运营中的主体依然是汽车，有强大的汽车制造商做背景，提供汽车资源以及相关方面的技术与资金保障。汽车制造商为共享汽车平台做支持可以大大减少车辆购置成本，从而更多地将资本投入运营的维护管理中，只有高质量的运营管理，才能够保证消费者高水平的满意度。汽车制造商参与能够保证消费者体验到更多不同类型的共享汽车产品，满足消费者的个性化需求。

（2）**多采用自由流动式，减少基站式** 共享汽车本质上是服务于消费者和社会交通的，让消费者获得更好的出行体验、真正缓解交通压力、解决汽车资源闲置问题是共享汽车发展的最终目的。自由流动式是消费者最愿意采用的一种方式，虽然这种方式的维护管理成本高，但是共享汽车的发展中提升管理维护的水平是不可缺少的，节约资本的环节绝对不能放在共享汽车运营的管理与维护工作中。

（3）**政府出台政策帮助企业解决网点、充电桩、停车位问题** 共享汽车运营中存在的车辆投放问题、充电基础设施问题、停车困难问题等能否合理解决，直接影响消费者的体验，也间接影响共享汽车的发展规模与推广程度。而共享汽车网点、充电桩、停车位的问题与城市规划有关，仅仅依靠企业的力量是远远不够的，还要依赖政府出台政策帮助企业完善共享汽车的基础设施建设。

（4）**企业推出不同的服务** 共享汽车作为一种新产品，对于许多消费者来说，如果企业和政府仅仅将共享汽车作为一项公共交通来发展，就会失去很多吸引力。不同人群对共享汽车的使用有不一样的需求，如果平台的服务模式、车型选择过于单一，就无法吸引更多的消费者。

（5）**政府出台政策协助企业管理**　共享汽车维护管理的工作量很大，政府一方面需要从根源上引导社会公众来减轻企业的工作量；另一方面，应该出台相应的法规政策帮助企业进行共享汽车市场的管理，不能仅仅依靠企业的力量。

（6）**App开发**　平台的App作为服务于消费者的窗口，其使用体验直接影响消费者的满意度。不管其他服务的质量多高，都要从消费者使用App进行车辆预约这一环节开始。

（7）**保险措施**　在保险制度方面，首先平台需要加大日常的检测与维护力度；另一方面，应该提供不同的保险服务。例如，GoFun用户用车时，需要自愿缴纳一定范围内的免责险。又如，国外共享汽车平台常用的注册费里包含车辆损失险和第三者责任险。

（8）**取还车**　除了实行自由流动式外，应该尽可能地减少消费者取还车时的操作，提升取还车时的便利性，减少消费者在取还车过程中耗费的时间和精力。

（9）**加大车辆日常的维护和保养投入**　对车辆的日常维护和保养是保证消费者体验，促使整个平台进入良性循环发展的重要实现途径，在这方面加大投入比过多的广告宣传更有实际价值。

4.4.2　运营模式影响因素

共享汽车运营模式的设计主要体现在以下三个方面：一是通过合理规划布局、合理设计租赁产品，提高共享汽车系统协同能力，并加快发展初期的规模投入，优化共享汽车系统设计；二是通过建立"轻资产+标准化"模式，优化车辆调度方式，加强风险管理，推广优化共享汽车系统运行；三是政府要从发展政策扶持和城市规划引导两方面为共享汽车的发展提供支撑和保障。共享汽车运营模式框架如图4-10所示。

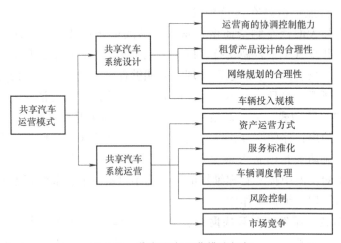

图4-10　共享汽车运营模式框架

1. 共享汽车系统设计

不同的共享汽车系统设计会产生不同的运营效果。要保证共享汽车系统达到较好的运营效果，运营商在进行租赁系统设计时应着重考虑以下方面：运营商的协调控制能力、租赁产品设计的合理性、网络规划的合理性以及车辆投入规模。

（1）**运营商的协调控制能力**　运营商参与程度越高，运营效果越好。这是因为运营商参与程度越高，越容易实现对共享汽车租赁的一体化控制和协调。运营商可以从全局的角度

第4章 共享汽车的模式与策略

出发,统一指挥,整体规划,降低管理成本、交易成本等,同时可以实现企业资源的最优配置以及各项服务之间的良好对接。因此,运营商的协调控制能力是影响共享汽车运营效果的重要因素。

(2) **租赁产品设计的合理性** 产品设计的合理性包括电动汽车续驶里程、租赁时长及租赁方式选择和设定等方面的合理性。从电动汽车续驶里程方面可以看出,电动汽车续驶里程符合城市特点、能满足消费者出行需求的电动共享汽车项目运营效果较好,而续驶里程较短的电动汽车运营效果稍差;从租赁时长的设定方面可以看出,租赁时长符合消费者出行特点的企业运营效果较好,而租赁时长设定超过消费者日常出行时间的企业运营效果较差,因而租赁时长的设定会在一定程度上影响消费者对电动共享汽车的选择;从租赁方式来看,租赁方式越灵活的企业运营效果越好,网络预约、自助租赁、异地还车等灵活的租赁方式不仅可以简化租赁流程,为消费者使用提供便利,也有利于提高车辆的利用率,因而租赁方式的设定也会在一定程度上影响共享汽车的运营效果。综上所述,租赁产品设计的合理性直接影响消费者使用共享汽车的积极性,因此也是影响共享汽车运营效果的重要因素。

因此,要想使共享汽车系统达到预期的运营效果,首先要保证共享汽车系统设计的合理性,这是提高运营效率的基础。

(3) **网络规划的合理性** 这里的网络规划是指包括网络规划、网点规模和微观选址在内的一系列因素的总和,只有网点达到一定密度,才能保证企业的运营效果。例如,共享汽车 Autolib 的所有网点都是位于公路平面的网点,在选址上基本能达到公交车的便利程度。由于巴黎人口密度较小,每个网点的车辆数量都控制在 4~5 辆,因而可以提高车辆的使用效率,这也有利于提高共享汽车企业的运营效率。

(4) **车辆投入规模** 投入规模不同的企业其运营效果也不同,究其原因可能是消费者的选择受到使用便利性的影响。如果投入规模不够,就会造成消费者租不到车、不好就近租还车等不便利情况,最终导致很多有租车需求的消费者因为不便利而放弃使用共享汽车。因此,只有车辆投入规模达到一定程度才能将消费者需求转化为购买力,因而车辆投入规模的合理性是影响共享汽车企业运营效果的一个重要因素。

2. 共享汽车系统运营

目前,大部分共享汽车项目尚处于发展初期,在运营方面还没有形成一定的规律。共享汽车既是对共享汽车推广模式的创新,也是对传统租车行业的发展,因而在共享汽车的系统运行方面,可以在吸收传统租车行业经验的基础上挖掘自身优势,着重从资产运营方式、服务标准化、车辆调度管理、风险控制及市场竞争五个方面进行考虑。

(1) **资产运营方式** 对于汽车租赁企业来讲,最大的资产投入就是门店或网点建设,而且要达到一定的规模才会吸引足够的用户从而实现收益。这些会导致汽车租赁业投入高、回报慢的局面,因此,企业对资产运营方式的选择至关重要。

传统租车企业提供汽车租赁服务一般需要自行购置车辆、建立实体门店,这种模式是典型的"重资产"模式。这种模式对资金的依赖大,导致门店扩张速度较慢,要想实现发展,可能需要较强的融资能力和一定的贷款比例,因而资产负债率较高。以神州租车为例,其 2014 年的资产负债率达到 97.3%,这个水平在传统租车企业中是比较普遍的。

共享汽车租赁的资产运营模式更为灵活。目前,很多共享汽车租赁企业与传统租车企业一样,采用自行购买共享汽车建立网点的方式来完成分时租赁服务,但由于电动汽车享受一定的政府补贴，初期投入相对传统租车来说较少。目前已有部分电动共享汽车租赁企业开始探索"轻资产"的模式，即通过整合市场上租车企业的闲置车辆放到分时租赁网点进行租赁的方式，这种方式极大地缓解了传统建设方式对资金的依赖，能够加快分时租赁网络的扩张。

（2）**服务标准化** 租车企业如果采用自行购置车辆的方式，由于门店和车辆都是自己的，对资产的管控力强，在车辆性能、磨损、清洁程度等方面的服务品质更有保证，可以为用户提供更标准化的服务。因此，对于车辆自营的企业来讲，无论是传统租车还是共享汽车租赁，在服务标准化方面都是有优势的；但如果共享汽车租赁企业想要采用"轻资产"的模式，还要在服务标准化方面多下功夫。

（3）**车辆调度管理** 汽车租赁企业由于车辆流动性较大，采用任何一种租赁模式，只要存在不同的网点，由于不同区域、不同时间段的需求不均匀等原因，总需要对车辆进行调度以保证车辆的使用效率。传统租车企业由于是在同一网点还车，如果在设置门店前能对该区域的租车需求做一个详细的调查，根据对需求的了解设置门店的规模，那么运行中需要对不同门店之间的车辆进行调度的情况就会少很多。而共享汽车租赁企业通常为了满足短租市场的需求，需要采用异地还车的方式，这样就会导致车辆在不同网点之间流动，由于不同时间、不同地点的需求不同，可能需要分时租赁系统时刻根据租赁系统内网点的停车位、车辆数量及周围用户需求情况对车辆随时调度。

与传统租车系统相比，共享汽车系统在运行中对车辆调度能力的要求极高，这就需要运营商不仅有完善的系统平台对网点车辆、停车位、车辆能源情况及周围潜在用户数量等进行实时监控，同时也要随时根据情况采取相应的方式对车辆进行调度，以保证租赁系统的良好运行。

（4）**风险控制** 汽车租赁行业的风险性是很高的。其主要风险有两种：第一种是租赁车辆交通违法风险；第二种是租赁车辆被骗的风险，这也是最难控制的风险。针对第二种风险，传统租车行业已经有了比较完善的管理方法。通常，传统租车企业一般采用线下人工办理租车业务，办理业务前，工作人员会仔细核对用户的身份信息，并通过接触对用户有一个基本的了解，对于认为存在骗租风险的用户，可以采用婉言拒绝的方式避免损失；其次，通过线下签订租赁合同，对有关交通违法等风险进行明确规定，有些租车企业还会对汽车进行实时监控，以降低汽车损坏或被盗的风险；另外，每次办理租赁业务前都会要求用户交纳一定的押金，以防交通违法、事故等带来的损失。这些措施会在很大程度上保证传统租车企业的租赁风险控制在合理范围内。

目前，很多共享汽车租赁企业也探索了很多风险管理方面的经验。共享汽车租赁企业为了提供更好的用户体验，多采用自助租赁方式，因而不能像传统租车企业那样采用线下签约、交纳押金等方式控制风险，而只能采用与一些信用管理系统（如公安系统）对接的方式判断是否存在租赁风险，或者通过车辆监控来了解用户行为，进而判定用户是否存在风险。但是就目前的情况来看，很多企业还处于发展初期，由于系统平台建设不完善、信用管理系统对接不全面及监控技术存在不足等原因，分时租赁风险管理还不太成熟。

（5）**市场竞争** 目前由于汽车租赁市场的开发程度较低，表面上看共享汽车和传统租车的市场定位不同，二者之间不存在激烈的竞争，其实不然。传统租车企业多采用传统燃油汽车和线下门店的方式提供汽车租赁服务，其所面对的用户市场主要是一天及以上的中长租

第4章 共享汽车的模式与策略

市场；而目前共享汽车租赁企业多采用电动汽车和网络分布式布局的方式提供汽车租赁服务，由于电动汽车行驶里程的限制及网络分布式布局的优点，目前电动共享汽车的用户市场主要是时租等短租市场，但是随着共享汽车的发展，当租赁网络规模足够大的时候，共享汽车势必挤占传统租车的一部分市场，例如对于商务出行需求，当分时租赁网络可以实现随借随还的时候，消费者将选择更为经济、租赁流程更为简化的分时租赁。因此，目前来看共享汽车和传统租车在不同的市场上各占优势，但是随着共享汽车的不断发展，其短租市场的优势会逐渐显现；同时，共享汽车租赁企业在市场扩张的同时，也应吸取传统租车企业的一些经验。

第5章　共享汽车的事故与保险

共享汽车即"汽车单向分时租赁",具体是指通过互联网服务平台注册成为用户,在需要用车时搜索周边空闲车辆,通过手机解锁后驾驶该车到达目的地的一种新型车辆租赁服务。共享汽车一方面通过调动社会资源,为有用车需求的用户提供多样化的车辆选择,另一方面也缓解了大城市公共交通的饱和。但是,人们在享受共享汽车带来便利的同时,也出现了涉及共享汽车侵权、共享汽车交通事故等问题。

5.1　共享汽车事故

1. 道路交通事故

我国《道路交通安全法》第一百一十九条规定"交通事故"是指车辆在道路上因过错或者意外造成的人身伤亡或者财产损失的事件。

分析的角度、方法不同,对道路交通事故的分类也不同。依据事故后果进行划分,道路交通事故可以分为轻微事故、一般事故、重大事故及特大事故。

轻微事故,是指一次造成轻伤1~2人,或者财产损失机动车事故不足1000元,非机动车事故不足200元的事故。

一般事故,是指一次造成重伤1~2人,或者轻伤3人以上,或者财产损失不足3万元的事故。

重大事故,是指一次造成死亡1~2人,或者重伤3人以上10人以下,或者财产损失3万元以上不足6万元的事故。

特大事故,是指一次造成死亡3人以上,或者重伤11人以上,或者死亡1人,同时重伤8人以上,或者死亡2人,同时重伤5人以上,或者财产损失6万元以上的事故。

2. 共享汽车的法律本质与特点

共享汽车本质上就是一种分时租赁。与传统汽车租赁做比较,体现出共享汽车的法律本质与特点:①共享汽车的租赁手续更加方便;②共享汽车中承租人即驾驶人的变化频次更高;③不管是出租人还是承租人,对共享汽车的安全状况都缺乏足够的了解;④承租人获得汽车使用权主要通过互联网信息技术手段,现场管理弱;⑤共享汽车的使用范围主要在同一市区内,作为公共交通的补充。

我国道路交通事故责任认定的主要依据是《道路交通安全法实施条例》和公安部制定的《道路交通事故处理程序规定》。

我国《道路交通安全法》第七十六条规定"机动车之间发生交通事故的,由有过错的一方承担责任;双方都有过错的,按照各自过错的比例分担责任。"因此,过错责任原则是我国确定交通事故责任的首要归责原则。

此外，我国在《道路交通安全法》及相关法律法规中还确定了过错推定原则和公平责任原则。我国《道路交通安全法》第七十六条规定"机动车与非机动车驾驶人、行人之间发生交通事故的，非机动车驾驶人、行人没有过错的，由机动车一方承担赔偿责任"，即推定机动车作为强势一方，应当承担赔偿责任。

公平责任原则，是指双方当事人对损害结果的发生都没有过错，但如果受害人的损失得不到补偿又显失公平的情况下，由当事人分担损害后果。《道路交通安全法》第七十六条还明确了机动车与非机动车驾驶人、行人之间发生交通事故时，"机动车一方没有过错的，承担不超过10%的赔偿责任"，就是说在机动车之间实行过错责任原则的同时，在机动车与行人之间实行公平责任原则。

【案例资料】 2017年4月，一名驾驶证被扣12分刚毕业的大学生张×，借用朋友账号租用了一辆共享汽车，在成都市××区××路行车时发生交通事故。这辆共享汽车将位于车后的两人撞倒，其中一人当场死亡，另外一人膝盖粉碎性骨折。肇事车辆属于共享汽车运营商××公司，该公司的总部位于重庆，2016年8月31日正式在成都上线运营。××公司用车App用户协议显示，用户需对所上传资料真实性负责，在提交申请时，需要具备我国下发的有效驾驶证，并保证驾驶证有效，没有被吊销、没收、失效或以其他形式作废，具有6个月以上实际驾龄。但××公司并不对App账号与实际驾驶人是否一致进行审核。这个案件的首要问题是：××公司是否有审查App账号注册人与实际驾驶人是否一致的法定义务？此案中，××公司是否对受害人承担责任？注册人将账号借给不具有驾驶资格的人驾驶车辆造成交通事故，注册人是否对受害人承担相应的责任？2017年8月8日，成都市公安局交通管理局第六分局出具的道路交通事故认定书显示，根据相关法律法规，机动车驾驶人在机动车驾驶证丢失、损毁、超过有效期或者依法被扣留、暂扣期间以及记分达到12分的，不得驾驶机动车。因此，张×承担事故的全部责任，事故受害人不承担事故责任。对于此认定结果，受害人的代理律师认为，××公司没有尽到监管义务，应该承担责任。

3. 共享汽车事故责任问题分析

共享汽车若造成交通事故，相较一般的交通事故而言，会涉及更多的主体，如共享汽车公司、注册人、实际驾驶人及受害人，其责任认定也会存在问题。

(1) **共享汽车公司与驾驶人的责任问题** 交通事故的发生如果没有导致第三人的损害，那么就只涉及共享汽车公司与驾驶人之间的责任问题，分为以下三种情况：①共享汽车公司受到财产损害，如果车辆自身情况良好，但实际驾驶人因自身操作不当而使共享汽车公司受到财产损害，那么该驾驶人应当对此承担赔偿责任；②驾驶人受到损害，若因汽车本身存在安全隐患，那么驾驶人有权依据合同主张权利或者向共享汽车公司主张侵权损害赔偿；③若驾驶人受到损害，但是因为驾驶人自身操作不当而造成损害的，根据《侵权责任法》第四十九条的规定，机动车所有人对损害的发生有过错的，承担相应的赔偿责任。共享汽车公司是机动车所有人，注册人原则上是实际使用人，驾驶人因为自身操作不当而引发交通事故，导致自己受到损害，应当由实际驾驶人自己承担责任；但如果共享汽车平台对损害的发生有过错，如在驾驶人驾驶汽车过程中发生紧急情况向共享汽车公司求救，而共享汽车公司不作为，那么该公司与驾驶人按比例承担责任。

(2) **共享汽车公司、驾驶人与受害人之间的责任问题** 共享汽车发生交通事故，致使第三人受损害，在此种情况下，存在三方主体。根据《道路交通安全法》第七十六条以及《最高人民法院关于审理道路交通事故损害赔偿案件适用法律若干问题的解释》第十六~十九条的规定，机动车发生交通事故造成损害的，由保险公司在机动车第三者责任强制保险（简称交强险）责任限额范围内予以赔偿；不足的部分，按照下列规定承担赔偿责任：

1）机动车之间发生交通事故的，由有过错的一方承担赔偿责任；双方都有过错的，按照各自过错的比例分担责任。

2）机动车与非机动车驾驶人、行人之间发生交通事故，非机动车驾驶人、行人没有过错的，由机动车一方承担赔偿责任；有证据证明非机动车驾驶人、行人有过错的，根据过错程度适当减轻机动车一方的赔偿责任；机动车一方没有过错的，承担不超过10%的赔偿责任。交通事故的损失是由非机动车驾驶人、行人故意碰撞机动车造成的，机动车一方不承担赔偿责任。

因此，不管共享汽车造成交通事故是因为机动车所有人即共享汽车公司提供的汽车存在质量问题或者是因为驾驶人操作不当，受害人都可以先从承保交强险的保险公司在限额范围内得到保险金，不足部分再根据驾驶人和受害人之间的过错来划定责任。因此，由于驾驶人的过错造成第三人损害的，主要的责任主体还是在驾驶人和受害人之间。仅在机动车所有人有过错的情况下，机动车所有人即共享汽车公司承担相应的赔偿责任。在实践中，若因驾驶人操作不当造成第三人受到损害，交强险不足以赔偿全部损失，而驾驶人又无赔偿能力的情况下，共享汽车公司即使可能会先行垫付部分赔偿金，但这也并不能说明共享汽车公司成为此次交通事故的责任主体。

（3）**注册用户与驾驶人不是同一人** 2017年8月，四川省乐山市的交警拦下了一辆共享汽车进行例行检查，发现驾驶人竟然是未成年人且无驾驶证。在此之后，许多记者对市场中的共享汽车进行了一次大测试，发现用户可以使用他人的个人信息进行身份认证。对此，GoFun紧急上线了人脸识别认证。打开GoFun出行App后，在"我要用车"这一按钮前新添了人脸识别认证步骤，"刷脸"时要求正对手机、光线明亮、动作缓慢，只有按要求进行"刷脸"，才能成功租车。

使用他人信息进行身份认证一般情况下并不涉及真实信息人的责任，仅涉及驾驶人与受害人之间的纠纷。如注册人将账号出借给他人，相当于将自己租来的车借给了他人驾驶，一旦发生交通事故，不仅涉及实际驾驶人与受害人之间的纠纷，还涉及更重要的问题：一是共享汽车公司审查注册人与实际驾驶人是否一致的责任问题、注册人出借账户信息的责任问题。针对上述案例资料，大部分律师的观点是车辆本身没有质量问题。二是共享汽车公司应对驾驶人有没有驾驶资格进行审查，如果没有尽到资格审查责任，也要承担相应的法律责任。如果车辆没问题，公司也尽到了审查义务，那就看是否属于保险公司的理赔范围。问题的关键就在于，市场中的共享汽车公司无一例外地对注册人的信息进行了审查，但对于注册人是否是实际驾驶人的审查，各大公司又有所不同，且法律并没有强制规定共享汽车公司对注册人和实际驾驶人的审查义务。

因此，案例资料中的注册人和共享汽车公司成为责任主体，承担法律责任，似乎并不明晰。根据《道路交通安全法》的规定，交通事故的责任划分只针对肇事双方，共享汽车公司显然不需要承担交通事故责任。共享汽车公司作为共享汽车服务的提供者，其承担共同侵权责任的前提是产品质量出现问题。因此，对于共享汽车公司的审查义务也持有限原则，并不要求共享汽车公司对每一个实际驾驶人都审查是否为注册人本人。但对于案例资料中的肇事者朋友,即注册人,作为机动车管理人,如果明知肇事者不具备驾驶资格,还将账号借出,根据《侵权责任法》的规定,他将与肇事者共同承担按份责任。同样,本案中的注册人应当承担责任,但就承担的责任形式,提出了两种方式:其一,由注册人与肇事者承担按份责任,因为主要过错还是在于实际驾驶人,即肇事者;其二,由肇事者承担侵权责任,但注册人承担补充过错责任,即当肇事者不能或者不能完全赔偿受害人时,由注册人根据其过错承担补充责任。虽然侵权法中采用补充过错责任的类型较少,但并不排斥实践中的适用。

基于上述案例,相比传统汽车租赁,互联网的虚拟性导致共享汽车公司对注册人及驾驶人缺乏现实的审查;共享汽车的主体多样性、流动性,导致其不能像通常意义下的汽车所有人或者管理人可以及时、全面地检查车辆,致使汽车的危险性增加。根据《侵权责任法》《道路交通安全法》《道路交通安全法实施条例》以及相关司法解释,实际驾驶人与受害人之间的责任认定并不存在明显区别,但以上法律、法规等并未对共享汽车公司以及注册人的义务、责任进行规范。因此,共享汽车交通事故主体责任的认定不仅涉及微观主体共享汽车公司的相关义务,还包括宏观环境下共享汽车的法律身份、认定责任主体的法律依据安全保障和法律义务等问题。

(4) **共享汽车的法律身份问题** 2017年8月8日,交通运输部与住房和城乡建设部发布《关于促进小微型客车租赁健康发展的指导意见》(以下简称《指导意见》)。《指导意见》明确鼓励分时租赁新业态发展,在坚持公交优先发展战略的前提下,考虑分时租赁非集约化出行的特点,合理确定分时租赁在城市综合交通运输体系中的定位。有评论认为,这一文件是目前政府鼓励"开展分时租赁"(共享汽车)的最权威性文件,"共享汽车"在我国已经取得合法化地位。从另一方面看,既然共享汽车公司获得了合法地位,其作为民事主体在进行民事活动时将享有权利并承担义务。

对此,市场中能够提供共享汽车服务的主体需要满足什么条件,应当由相关部门进行具体规定,或者由各地方政府对《指导意见》做出具体的实施细则,或者由行业协会出台自律性规范。

(5) **主体责任认定的法律依据** 交通事故主体要承担赔偿责任需要以事实为依据,以法律为准绳。我国《道路交通安全法》明确了过错责任原则、过错推定原则和公平责任原则,明确了驾驶人、受害人和车辆所有人都可能成为赔偿的主体。车辆所有人若是对事故的发生负有责任,需要承担相应的赔偿责任。那么,如何明确是否为车辆所有人应该承担的"责任"?共享汽车公司作为车辆所有人,若是没有审查注册人和实际驾驶人的一致性,是否属于"责任"?驾驶人在驾驶车辆过程中遇到紧急情况联系共享汽车客服热线时,客服未接听或者共享汽车公司未有效处理,是否属于"责任"?

如今,社会中要求共享汽车公司严格审查注册人和实际驾驶人一致的呼声越来越高。共享汽车公司具有审查注册人资格的法定义务毋庸置疑,但共享汽车公司对车辆实际驾驶人与注册人一致的审查,是否应当成为共享汽车公司的法定义务?现实中有部分共享汽车公司采取人脸识别、指纹解锁等方式审查注册人与实际驾驶人是否一致,也有少数地方政府出台了行业规范性文件将此审查义务法律化。例如,2018年5月,广州市就发布了共享汽车行业自律性服务规范,即《广州市共享汽车(分时租赁)行业服务规范(试行)》和《广州市

共享汽车（分时租赁）"不良信用"管理制度（试行）》两个行业规范性文件。这两个规范性文件对企业的规范运营、租车人身份、车辆的安全及车辆押金等行业当前面临的问题，都有明确的规范和指引。上述两个规范性文件都要求经营者通过技术手段落实承租人身份查验和实际驾驶人核验制度，从技术和制度上确保车辆实际驾驶人与注册承租人一致。

（6）**共享汽车的安全保障和法律义务** 针对技术安全隐患，共享汽车公司不仅要提高车辆出厂的品质，还要加强线下运营团队的建设。线下运营人员确保在分片管辖区域内每天对车辆进行检修，在遇到交通事故时，线下运营团队人员应迅速到场协助处理。

共享汽车公司作为服务提供者，其所提供的服务应当纳入政府及其相关部门的监管之中。正如出租车公司由当地的交通管理局管理，该局或者该局内的出租车管理所就会不定期对出租车企业开展安全检查行动。那么，共享汽车公司所提供的服务及其车辆也应当参照此种监管方式，督促共享汽车公司确保车辆的安全性。目前我国已注册的共享汽车公司所提供的汽车质量参差不齐，有部分共享汽车公司的车辆未配置安全气囊，在车重方面也不同，一旦发生事故，较轻的车辆在遭遇撞击时易翻车，后果不堪设想。因此，对于该市场中所存在的共享汽车的品质问题和安全问题，不仅需要共享汽车公司具备自身的社会责任感、注册人即驾驶人的安全意识，也需要行业协会或者政府及其相关部门的监管。

5.2 关于共享汽车的立法

5.2.1 立法现状

我国目前在共享汽车领域的立法比较少，与某些发达国家相比还不够完善。租赁型共享汽车的发展不仅对公共交通和传统出租车行业产生影响，还与消费者和政府监管部门之间存在着各种冲突。2016年7月，国务院办公厅发布《关于深化改革进一步推进出租汽车行业健康发展的指导意见》，明确表明网约车管理适用于出租车管理体系；2016年7月27日，交通运输部等七部委发布《网络预约出租汽车经营服务管理暂行办法》（以下简称《暂行办法》），开始对网约车的运营在部门规章层面进行专门的立法。P2P共享租车与分时租赁共享汽车的兴起比网约车更晚一些，因此相关立法较少，目前尚未出台比较系统和完善的法律法规。

1. 网约车方面的立法规定

在网约车领域，目前立法主要从以下方面进行规制：网约车车辆准入条件、网约车驾驶员准入条件、网约车运价和网约车报废标准。《暂行办法》第十二条规定，网约车车辆应当为安装具有行驶记录功能的车辆卫星定位装置、应急警报装置并符合运营安全相关标准的7座以下乘用车。第十四条规定了网约车驾驶员应当具备的条件，包括3年以上驾驶经历；无危险驾驶和交通肇事的犯罪记录，无吸毒、酒后驾驶记录，最近连续3个记分周期内没有记满12分记录；无暴力犯罪记录。《暂行办法》还规定，网约车运价实行市场调节价。网约车行驶里程至60万km或使用年限达到8年时，不得再从事网约车运营。《暂行办法》同时规定，市人民政府可以增设新的条件。

2. P2P共享租车方面的立法规定

国内某些城市已经通过制定本市的《汽车租赁管理办法》等规范对P2P共享租车的行

为进行了规定。各个地区的具体规定各有不同，如北京市对P2P租车运营主体实行备案审查制，上海则是许可制，还有一些地方对运营主体没有详细的规定。但是从总体上看，各地区对P2P共享租车的规定都涉及验证身份信息、经营平台的责任和监管、车辆准入条件和驾驶员准入条件以及保险责任等基本内容。

3. 分时租赁共享汽车方面的立法规定

目前我国几乎没有专门针对分时租赁共享汽车的法律法规，本书仅对交通运输部发布的《指导意见》的内容进行分析。

（1）**分时租赁经营者责任** 《指导意见》规定了落实汽车租赁身份查验制度，汽车租赁经营者应当对承租人的身份信息进行核查。个人承租的，应当审查驾驶人的身份证和驾驶证；单位承租的，应当审查单位的营业执照或者其他登记证件、代办人身份证及委托授权书等。审核通过后，应当将上述身份信息写入车辆租赁合同中。

（2）**总量调控与投放机制** 分时租赁共享汽车一般是9座以下的小型载客汽车，与网约车和P2P租车形式不同，分时租赁共享汽车需要大量的公共空间来设置充电桩和停车位，对公共资源的占用较多，因而对其总量应当有所控制。而且，根据不同地区的发展水平以及交通状况，采用不同的投放机制更有利于分时租赁共享汽车的发展和给用户带来更便利的交通。

（3）**分时租赁共享汽车保险制度** 分时租赁共享汽车兴起后，国内发生过几起严重的交通事故，引发了公众对共享汽车保险制度的讨论与关注。目前，根据车辆价值、使用性质、使用年限等标准不同，车辆保险的种类和金额有很大的差别。传统的车辆保险，要么针对提供客运服务的出租车，要么针对个人使用的私家车。对于这种新兴的提供客运服务的私家车，运营保险制度尚未健全。

（4）**分时租赁共享汽车停车问题** 目前分时租赁共享汽车主要在一、二线城市发展业务，值得注意的是，这些城市同时面临着交通拥堵、停车位紧张等难题，分时租赁共享汽车的停放成为首要问题。《指导意见》建议商业中心、交通枢纽等人流密集区域的公共停车场为共享汽车留有一席之地，鼓励通过实施共享汽车城市停车价格优惠政策，促进分时租赁共享汽车更快更好地发展。目前很多一线城市或地区都在当地设置了充电桩和停车位，专供分时租赁共享汽车使用。

在共享汽车快速发展的同时，立法不够完善的问题也越发凸显，主要体现在以下方面：

1）网约车牌照数量管制问题。《网络预约出租汽车经营服务管理暂行办法》规定，市人民政府可以对发放运输证的条件另行规定。根据这条规定，地方人民政府是有权利对网约车牌照的数量进行限制的。但是，这种规定的合理性值得探究。对网约车牌照数量的限制在行政法领域属于行政许可。《中华人民共和国行政许可法》对可以不设定行政许可的情形进行了列举：公民、法人或者其他组织能够自主决定的；市场竞争机制能够有效调节的；行业组织或者中介机构能够自律管理的；行政机关采用事后监督等其他行政管理方式能够解决的。2013年，《第十二届全国人民代表大会第一次会议关于国务院机构改革和职能转变方案的决定（草案）》经批准通过。草案中规定，对上述四种情形，如能通过事后监督解决的事项，行政机关也应当不设立审批。地方政府对网约车辆限制的目的是防止公共道路过度拥挤，但忽略了造成城市交通拥堵的其他因素。网约车发展增加了人们出行方式的选择，很多人可能选择网约车而不是开车出行，一定限度地减轻了城市公共道路的压力。而且，可通过

税收的方式来调节网约车的运营,对城市公共道路资源使用越多,收费越高,而没必要非从网约车牌照管制上下手。

2) 网约车运价管制的立法问题。《中华人民共和国价格法》(以下简称《价格法》)明确规定了政府指导价的适用范围:关系国民经济发展和人民生活的商品、自然垄断经营的商品、资源稀缺的商品、重要公共事业、重要的公益性服务。但网约车行业虽属于服务业,却不属于重要的公共事业,不应当实行政府指导价。而《暂行办法》中的规定存在违反上位法的问题。《价格法》还明确指出,政府的定价权限应当以中央和地方定价目录为依据。其中,地方定价目录是指省级人民政府根据中央定价目录制定并由国务院价格主管部门审核通过后的定价目录,省级以下人民政府是没有制定定价目录权限的。截至目前,中央定价目录中并没有把网约车运价纳入其中,也没有地方定价目录增加网约车运价。因此,地方实行网约车政府指导价是没有法律依据的。

3) 网约车车辆和驾驶员准入条件的立法问题。通过《暂行办法》中关于网约车车辆和驾驶员准入条件的限制可以看出,只有满足一定的标准,私家车和私家车车主才能够加入网约车平台从事营利活动。而且,由于《暂行办法》第十二条的规定,多个地方制定了更为严格的准入条件,有些限制本地户口或居住证,有些要求必须本地注册的车辆或价值20万元以上的乘用车才有资格成为网约车等。

5.2.2 共享汽车侵权类型

1. 共享汽车遭受侵权

共享汽车遭受外力故意破坏的案例多有发生,如深圳某男子无证驾驶共享汽车撞入火锅店,成都一男子因破坏共享汽车被判拘役等。我国《治安管理处罚法》第四十九条规定:"盗窃、诈骗、哄抢、抢夺、敲诈勒索或者故意损毁公私财物的,处五日以上十日以下拘留,可以并处五百元以下罚款;情节较重的,处十日以上十五日以下拘留,可以并处一千元以下罚款。"

2. 共享汽车侵害第三人权利

在共享实物(主要指专车及快车)以及共享实物与信息深度融合模式下,使用人与平台之间存在租赁合同或者客运合同关系。

1) 共享汽车平台应该履行租车义务,即共享汽车平台应当保证车辆本身性能完好、无故障、无缺陷,使用人履行相应的操作后即可开行,若因出租人未尽到租车义务导致车辆本身存在质量缺陷等问题,使得使用人因此受到损害的,使用人可依据租赁合同或者客运合同要求生产厂商或者出租人承担赔偿责任。在共享信息模式下,共享平台收取费用的前提是双方交易的达成,除非共享平台故意导致交易失败,否则不承担相应的责任。

2) 非因车辆本身原因导致使用人等第三人受损的,在共享实物与信息深度融合模式下,无过错的出租人在保险理赔后应先行垫付费用,待确定责任后再向侵权人追偿。滴滴出行《快专车用户服务协议》第八条责任部分约定:"您通过滴滴出行平台预约的网约车服务由驾驶员以我司名义向您提供并对服务质量予以保证……例如发生交通事故、治安事故或者其他意外事故,我司将提供先行垫付、陪护及主动安全保障。"

3. 交通事故侵权

根据法律规定,机动车发生损害,机动车的所有人、管理人、使用人都应承担责任。即使保险公司能够对损害做出经济赔偿，法律责任的分配仍是亟待解决的问题。

1）共享实物与共享实物和信息深度融合模式下，就共享汽车而言，因出租的是车辆的使用权，所有权仍归属共享平台。使用人驾驶车辆发生交通事故的，便是车辆所有人和使用人分离的情形。依照我国《侵权责任法》第四十九条："因租赁、借用等情形机动车所有人与使用人不是同一人时，发生交通事故后属于该机动车一方责任的，由保险公司在机动车强制保险责任限额范围内予以赔偿。不足部分，由机动车使用人承担赔偿责任；机动车所有人对损害的发生有过错的，承担相应的赔偿责任。"如果购买了第三者责任险，即使驾驶员不是车辆所有人，保险公司也应在第三者保险责任限额内进行赔付。就快车、专车而言，其出租的虽然也是车辆使用权，但是由于该类共享汽车配备驾驶员，且该类车辆大多为私家车接入共享汽车平台营运，车辆使用人与共享汽车平台达成的应是客运合同，两者存在客运合同法律关系，若发生交通事故，理应由共享汽车平台承担用人责任。

2）共享信息模式下，共享汽车平台只是进行信息对接的中介，若发生交通事故，只能由共享汽车平台的车辆承担责任。共享汽车（分时租赁汽车）一般只投保交强险和商业险。现实中，使用人、共享汽车平台、受损害的社会公众以及保险公司之间形成复杂的法律关系，导致责任认定困难，而责任的划分又直接影响保险在共享汽车功能中的发挥。

4. 泄露数据信息侵权

移动互联网覆盖范围的扩大和渗透率的持续提高，为共享汽车的发展提供了丰厚的土壤。互联网用户不断增多促使互联网公司不断开发新的移动网络应用程序（App），这些应用程序在安装到手机或计算机上后会不断收集用户的个人信息。据不完全统计，当前我国使用共享汽车 App 的用户有近亿人。如此庞大的用户数量，如果平台越界索取了用户权限，将大大增加用户信息泄露的风险。2016 年 8 月起生效的《移动互联网应用程序信息服务管理规定》中规定，未向用户明示并经用户同意，不得开启收集地理位置、读取通讯录、使用摄像头、启用录音等功能，不得开启与服务无关的功能，不得捆绑安装无关应用程序。已经实施的《民法总则》也规定自然人的个人信息受法律保护。任何组织和个人需要获取他人个人信息的，应当依法取得并确保信息安全，不得非法收集、使用、加工、传输他人个人信息，不得非法买卖、提供或者公开他人个人信息。但是，在现实操作中，很多企业和经营者都本着大数据时代，数据不管有用与否都要先收集再说的心态，无视这些规则，肆意过度收集公民信息，更有甚者买卖公民信息。一旦上述侵权问题发生，共享汽车平台需承担连带赔偿责任。

5. 二维码诈骗

使用共享汽车的必经程序之一即通过扫描车身二维码，下载共享平台客户端。二维码诈骗即嫌疑人将其事先准备的二维码覆盖共享汽车原本的二维码，待用户扫描后即进入支付页面，用户在不知情的情况下支付了费用。关于行为人覆盖二维码骗取押金费用的法律定性问题，众说纷纭。《治安管理处罚法》第六十条规定："伪造、隐匿、毁灭证据或者提供虚假证言、谎报案情，影响行政执法机关依法办案的，处五日以上十日以下拘留，并处二百元以上五百元以下罚款。"此类平台代扣代缴违法分数和罚款并没有法律依据，应予以规范。

5.2.3　关于共享汽车立法的发展建议

如何行之有效地解决共享汽车已存在的和不断产生的新情况，是摆在立法者、监管者面

前最基本也是根本性的问题。应以创新的思维来思考这些问题，在尽快完善法律法规的同时，加强个人信用征信体系建设，强化共享平台信息安全管理。

1. 完善法律法规

对合乘共享而言，车主顺路捎带同路人，路线和车辆均已确定，车主收取一定的费用来弥补自己的出行开支，这一法律关系属于私人之间的权利义务关系，符合民法自愿公平的原则，私法内的规范足以调整合乘共享。作为行政权力的实际执行者，政府应将重点放在对借私家车之名进行盈利行为的预防。

非营利性的合乘共享是立法与政策的红线，盈利即获取利润，是指车主在出行成本以外获取了额外的利益。但合乘共享的出行成本依路途长短、目的地以及当时交通状况的影响，并非是一个准确的固定值。因此，各地方的交通主管部门应联合汽车共享运营商，共同设立出行成本标准。

我国目前仅地方指导意见为有偿合乘共享留下了发展空间，尚未有全国性政策或法律法规出台确认其合法性。因此，在立法层级上，可由国务院出台行政法规，调整互联网平台运营的合乘共享，着重规定对盈利行为的预防。

在立法内容上，第一，应将合乘共享视为一种常态化的出行方式。《关于促进绿色消费的指导意见》提倡闲置资源的有效利用，让绿色消费成为社会主流。为了最大化释放合乘共享的运载能力，临时的合乘共享也应被考虑在合法的时间范围内。第二，合乘共享应作为出行服务之一，集合于互联网平台。主管部门应考虑互联网平台的实际运营情况，允许非营运服务接入网约车平台，实现"互联网+"便捷交通的战略规划。第三，在对非营利性合乘共享的界定上，由国务院立法设定框架性制度，由相应的地方性法规或规章对具体标准进行设定。在制度设计上，可以参考新加坡和英国对网约车的规制，为合乘共享设置低于出租汽车行业的准入门槛，只要符合条件即可接入平台，由运营互联网平台的企业对合乘车车主、车型、路线以及分摊费用等方面进行初步审查，并提供相应的合乘保险。平台对合乘出行实行过程控制，合乘车辆的出行情况需定期向主管部门报备，排除以拼车为名的非法营运活动。也可引入第三方社会组织对互联网平台上的合乘车车主、车型、路线等情况进行再次审查或认定，以提供社会化的公信力支持，进而实现互联网拼车的合作治理。关于是否属于盈利额的具体标准，应交由当地交通运输主管部门与企业协商确定。第四，以合作监管的模式，由平台承担监督合乘共享的规范运行的义务。车主在设置好拼车路线后，应设置一段时间内的可更改次数，不得随意更改。平台通过 GPS 信号定位，与预设的路径对比，对拼车车辆是否在预设路径上行驶做出判断。一旦车辆驶离既定路线，后台应立即告知车主这一情况及相应的法律后果，并与政府交通执法部门联网；在驶出一定范围仍不改正的，将驾驶人信息通报至执法部门。

有关共享汽车的规制主要有《道路交通安全法》《治安管理处罚法》以及 2016 年发布的《网络预约出租汽车经营服务管理暂行办法》等。而专门针对共享汽车的立法目前还处于盲点，尚未完善关于共享汽车的管理办法。地方政府可以根据立法制定专门的地方性法规或者政府规章对其进行规制。当前，参考专门针对共享单车的法规、规章，主要有成都市发布的《成都市关于鼓励共享单车发展的试行意见》、深圳市发布的《关于鼓励规范互联网自行车服务的若干意见》等。查阅这些法规、规章后可以发现，大多属于鼓励、倡导性规定，不具有太多的强制法律效力，且在全国范围内缺乏统一的认定标准。互联网时代的立法应更加注重立法效率,在法律法规许可的前提下,尽量精简流程、提高效率,最大限度地适应共享经济的立法诉求;同时,充分发挥互联网高效、及时的优势,推动互联网反馈机制、信用机制、监督机制等便捷有效地实现,从而真正建立互联网领域的基本原则和法律保障体系。在立法过程中,要加强顶层设计,应当结合行业特性,及时听取消费者和从业人员的反馈意见和建议,明确各自的权利义务。重点关注共享汽车"添堵"的问题,立法应体现城市规划停放问题,对破坏共享汽车的行为予以严厉打击,纳入"黑名单",情节严重的依法追究刑事责任。

2. 加强个人信用征信体系建设

共享经济是社会文明进步的象征,但必须建立在社会诚信体系完善的前提下。首先,鉴于我国当前针对个人信用的法律法规较少,失信成本低且惩戒机制不健全,有必要健全相关的法律法规,做到有法可依、有法必依;还应通过网络共享云,建立完善、统一的失信联合惩戒机制,通过加大网络基础设施建设,将信用信息运用到社会生活的各个方面,大幅度提高失信成本,做到一处失信,处处受限。其次,政府要尽快培育一批公正、权威的信用评级评价征信机构,将这些机构的数据信息与政府网站进行对接,做到信息实时动态共享,加快建立以政府引导为基础、以市场联合为核心的信用保障系统。最后,要加快引导和培育信用产品需求,政府部门可以通过信用证书,创造良好的社会信用环境,在全社会倡导讲信用的美德及义务。行政机关的"黑名单"要与司法机关的失信被执行人名单对接,实现联动监控、双管齐下。

3. 强化共享平台信息安全管理

共享平台拥有规模庞大的用户数据,包含全国各地用户的信息资料、消费偏好、生活习惯等众多重要数据,对于国家宏观经济调控、打击商业犯罪、制定公共政策乃至国家安全都起着非常重要的作用。对共享汽车平台的监管不仅要保护消费者合法权益及相关的隐私信息,还应该创造公平竞争的市场环境,协调好各方利益关系。因此,首先,要从国家层面加强对互联网的监控,提高重点领域的网络数据及机密信息的安全度,提高应对紧急互联网安全事件的处理能力;还应建立严防严控的长效机制,加大对利用公民个人信息牟利甚至犯罪行为的打击力度。其次,要严格贯彻《中共中央国务院关于完善产权保护制度依法保护产权的意见》的规定,加快培养具有我国独立自主知识产权的系统软件,提高互联网重点领域的核心技术;以国际标准为参照,建立健全我国的信息安全标准及评价体系。最后,要进一步完善我国关于互联网安全领域的立法,加强互联网安全领域的行业自律,通过法律手段与行业约束来规范共享汽车平台的发展。

4. 坚持"互联网+"思维,创新网约车管理模式

对网约车而言,其包含乘车人、平台运营商、汽车租赁公司、劳务公司以及消费者,由此形成的法律关系较为复杂。汽车租赁法规均明确规定,汽车租赁公司在提供汽车租赁业务时,不得提供代驾服务。网约车整合汽车租赁公司和劳务公司,开创了汽车租赁的新型服务模式,按照行政处罚的法定原则,对网约车并无处罚依据。我国政府主管部门肯定了"汽车租赁+劳务公司+平台"模式网约车的存在,体现了坚持"法无授权不可为"的法治定力。

将网约车纳入出租汽车行业的体系中,虽然方便了对网约车的管理,但也忽略了互联网企业的特点,导致网约车的发展受阻。在网约车与出租车的联动改革中,应坚持"互联网+"思维,用网约车的创新带动出租汽车行业的转型。在政策规范和立法制定上,也要把

握网约车的新特点,为网约车"量体裁衣"。第一,对网约车运营平台的资质设定应契合其互联网企业的轻资产特性。《网络预约出租车经营服务管理暂行办法》要求网络预约出租汽车经营者在服务所在地具有固定的营业场所和相应的服务机构,意在打造一种具有线下实体经营机构的约租车平台,如"神州专车"。此类经营者的前身多为汽车租赁公司,拥有实体的经营网点,借助互联网信息技术,利用自身资源,在新的领域开展服务,为更多的用户提供服务。但大部分网约车平台本身并不拥有实体经营机构,而只是作为提供信息服务的信息中介。从国家顶层立法与政策制定者的角度来看,具有实体经营机构的网约车运营商更加便于管理,也更有利于保护消费者的合法权益,维持市场的正常秩序,但也不能因此而忽视汽车共享的本质精神。可参考美国对网约车的规范策略,充分理解网约车平台的互联网特性,把握其轻资产运营的优势,实行差异化的管理模式。第二,适当放低对网约车经营者的责任要求。《网络预约出租车经营服务管理暂行办法》第十六条规定"网约车平台公司承担承运人责任"。作为互联网平台,其功能主要在于信息的交换与控制,要求平台承担承运人责任,对运营商而言可能过于严苛。域外立法一般要求网约车经营者履行合理的义务,根据过错承担相应的责任,这样的立法规定更能保护网约车经营者,为其后续创新留下可行空间。第三,在分享经济的思维下,为私家车与兼职驾驶员接入平台提供可能。对于私家车挂靠或过户到汽车租赁企业成为网约车车源这一行为,不能直接认定为非法,而应从源头分析、追根溯源。1998年交通部出台的《汽车租赁业管理暂行规定》是对汽车租赁行业进行行政许可的最早依据,但在2004年《中华人民共和国行政许可法》颁布后,这一许可制度缺乏法律和行政法规依据,不再具有合法性,因此交通部将其废止。许多地方不再立法设定汽车租赁许可,私家车辆可以自由过户为租赁公司车辆,只是在车辆的登记属性上明确为"非营运"。因此,私家车通过挂靠或者过户的方式成为网约车车源这一做法,可以视为一条变通之计,但不是长远之策。纵观域外立法,各国普遍规定私家车可接入网约车平台提供服务,但需要满足低于出租汽车的准入门槛,也要承担相应的义务。释放私家车运力是汽车共享的主要目标,若将私家车排除在平台以外,恐怕会将交通部所肯定的租赁车跨界创新服务之路"封杀"。第四,取消预约出租车,释放市场活力。《网络预约出租汽车经营服务管理暂行办法》实施后,预约出租汽车并未在个体机动化出行市场活跃起来,而网约车服务已经在出行市场中形成消费黏性,成为居民出行的可参考选择。此时,应坚持简政放权的全面改革原则,从尊重市场创新的角度出发,选择发展网络预约出租汽车,不实施预约出租汽车许可。在选择发展专车的同时,也有必要将城市政府的意愿通过及时制定出租汽车发展规划予以体现,即明确不实施预约出租汽车许可,避免陷入行政不作为的争议。

5. 借鉴政企合作经验,为P2P租车共享提供政策支持

P2P租车共享作为舶来品,在国内的发展时间不长,还未充分经历市场竞争,因此,P2P租车共享的立法时机还不成熟。P2P租车关系最终是发生在私人之间的权利义务关系,这一共享模式在很大程度上也能被现行的私法规范调整。但又由于网络汽车租赁的新特性,在其他方面,如车辆的安全维护、平台对租赁车辆的过程监督以及征信危机等,可以借鉴即行(Car2Go)即时共享模式中的政企合作经验,获得政府的支持。

首先,网络汽车租赁运营商需要与交通主管部门及公安部门合作,共同保证平台实体车辆的安全。传统汽车租赁业中曾出现过专门从事盗窃、售卖出租车辆的违法产业链。P2P租车平台作为汽车租赁平台,也曾出现过此类事件。P2P平台上挂出的均是他人所有的私家车辆，一旦发生盗窃、遗失风险，可能带来私人物权的损失或丧失，进而导致车源的流失。无疑，P2P租车平台和顺风车平台一样，包含优质的公益基因，因而受到政策红利的青睐。但如果仅靠租车平台，要解决其运营过程中面临的风险，需要巨大的成本。2015年，国内某知名P2P租车平台相继曝出车辆被非法抵押、车辆遗失等问题，引起大量车主的不满。为了保证车辆的安全，该平台与安保公司合作，如果车主的车辆被诈骗或丢失，由安保公司帮忙找回；同时与平安保险沟通，合作推出"租车信用险"，如果车辆无法寻回，保险公司可赔偿车主80%左右的损失。在实体和保险制度上保证车辆安全是一方面，P2P租车平台还应当从其自身的互联网特性出发，充分发挥其所具有的技术优势和信息传输优势，积极同政府交通主管部门和公安部门合作。P2P租车平台上的私家车辆被盗多是由于网络汽车租赁商在车辆上安装的跟踪装置被移除，导致平台和车主无法追踪到车辆。对此，网络汽车租赁商可以通过不断更新技术，对跟踪装置进行改良；同时，在跟踪装置被移除时，设置自动触发报警系统，与公安部门联网，并在租车合同成立时告知承租人相关的法律后果。

其次，针对网络汽车租赁的新业态，企业需与保险公司合作，开发具有针对性的新险种。在保险制度设计上，由于P2P租车兼具家庭自用车与出租、租赁营业客车的使用性质，对商业险而言，属于典型的危险程度增加的范畴。此时需要被保险人及时通知保险人，否则将有出险后无法获得理赔的危险。而且，传统车险与租车责任险的保障范围不能完全覆盖P2P租车过程中可能的风险，存在保险盲区和运营风险。这就要求汽车共享网络的汽车租赁商和保险公司进行合作，开发新的险种，特别是租车责任险的开发和改良。

最后，征信危机的解决依赖于与政府的通力合作。风险控制是目前P2P租车平台面临的核心问题，也是直接关系到用户财产安全的必要环节，不仅需要企业用心经营，也需要政府的支持。征信体系是风险防控的基础，从一般法理上看，作为专业公司及信息中介，平台应承担一定的担保责任。租车平台有义务审核租客资质，对车辆的使用进行监督。但受制于企业平台的身份，网络汽车租赁商还不具备对承租人的征信表现进行全面审查的能力。目前，正值社会信用体系建设的关键时期，着力解决网络汽车租赁平台的征信危机，对促进汽车共享的良好发展有着重要意义。P2P租车连接的是相距较近的车主和承租人，比起顺风车，P2P租车具有更强的地域特征。因此，除了要选择与第三方专业征信机构合作外，运营商还应更多地与当地政府合作，通过行政合同等方式，约定政府向企业提供审核承租人资历时必要的信息支持，保证平台能审查承租人是否具有合格的驾驶资格，是否具有不良信用记录或犯罪记录等。平台也需要对政府放开企业的数据，与地方政府一起推动当地征信体系的完善。

5.3 共享汽车保险

5.3.1 共享汽车的保险产品现状

目前，共享汽车平台关于保险服务一般分为基本保险和不计免赔，部分共享汽车平台会将基本保险和不计免赔的费用综合在一起向用户收取。其中，基本保险是指共享汽车平台对其共享汽车投保的交通事故责任强制险（简称交强险）、车辆损失险、第三者责任险、玻璃险、司乘险等常用险种，但不同平台投保的险种和保额有一定区别。用户在使用共享汽车时，如若发生交通意外事故，需要承担 1000~2000 元的责任赔偿作为保险公司的免赔额，而用户购买不计免赔服务其实就是减免了这部分的免赔额。

1. 各共享汽车平台提供的保险产品

普华永道和《南方日报》发布的《2017 中国共享汽车现状与趋势报告》中对 7 家落地广州的共享汽车品牌，分别为环球车享 EVCARD（以下简称"EVCARD"）、TOGO 途歌（以下简称"TOGO"）、一度用车（以下简称"一度"）、驾呗、GoFun 出行（以下简称"GoFun"）、有车出行（以下简称"有车"）和巴歌出行（以下简称"巴歌"），测评得出共享汽车测评排行榜。根据其共享汽车品牌排行榜提供的共享汽车品牌名单，抽取各品牌平台的用户协议，对各共享汽车品牌的用户协议中关于保险、事故处理以及承担费用等条款进行比对，结果见表 5-1。

表 5-1 不同共享汽车品牌提供的保险服务比对

汽车品牌	免赔额/元	不计免赔	第三者责任险/元	司乘险/元	车辆加速折旧费/元	保险上浮费/元	停运损失费/（元/天）	其他
EVCARD	2000	有	小于 20 万	5 万	定损超出 2000 元部分的 20%	单次 300	—	无
TOGO	—	无	—	—	定损超出 1500 元部分的 25%	定损金额的 25%	300	无
一度	2000	有	—	—	主车定损金额的 20%	三者定损金额的 25%	200	无
驾呗	500	有	—	—	按事故维修费用的 10%~20%	单次 500，购买不计免赔服务可免除	按时租价格计算	无
GoFun	1500	有	5 万	—	—	—	200	无
有车	1500	有	—	—	按事故维修费用的 15%~20%	—	180	无
巴歌	1500	有	10 万~50 万	50 万	—	—	—	无

根据各共享汽车平台提供的用户协议可知，各共享汽车平台均有投保交强险、车辆损失险、盗抢险、第三者责任险、玻璃险、划痕险及司乘险，但其相应险种投保的保额却并没有全部说明，而且，第三者责任险保额相对较低，低者甚至只有 5 万元，按照普通私家车车主购买第三者责任险的意向，一般倾向于认为 50 万~100 万元的第三者责任险保额才能更好地应对面临交通意外事故引起的责任赔付风险。另外，在用户协议中表明，当消费者使用共享汽车发生交通意外事故时，如定损金额超过免赔额时，消费者需按主车定损金额的 20% 承担相应的责任；同时，根据出险定损金额，用户需要承担协议列明的相应车辆加速折旧费、保险上浮费以及车辆停运损失费等相关费用。可见，消费者虽享受低廉共享汽车的驾驶过程，却不知承担着相比使用成本而言更巨大的费用赔付责任风险。

《2017 中国共享汽车现状与趋势报告》就分时租赁模式下的共享汽车使用者进行了调查，其中企业普通员工占 53%、高校大学生占 21%、自由职业者或个体户占 13%、企业管理层人群占8%、其他占5%。由此可见，当共享汽车用户在没有可选保险服务的情况下，同时共享汽车品牌企业提供的第三者责任险保额普遍较低时，约74%的共享汽车用户的经济能力并不能够充分应对使用共享汽车过程中发生交通意外事故所承担的法律赔偿责任风险。

2. 现阶段共享汽车保险产品存在的问题

现时，租赁型共享汽车一直沿用营运车辆保险，保险费用分摊于消费者租赁车辆的费用中。共享汽车从车辆使用性质上来说是属于营运性质的。一般来说，因为其短时间内使用的高频性，在交通事故方面，其发生的概率是比较大的。因此，对于保险公司来说，承保共享汽车的风险时收取的保费会高于其他私家汽车。我国汽车保险在商车费改后，车辆保费的浮动主要与车辆出险次数和事故赔付的金额直接相关。车辆在同一保险年度内如多次发生事故出险的，从第2次开始每次加扣5%的免赔率，累计上限最高为30%。根据2018年保险赔付统计数据，营运车辆如出租车等，一年发生的保险事故可以达到事故总数的35%，事故赔付率超过100%。同样，共享汽车的运营时间越长，也将面临类似的情况。如果由于赔付较高，车辆保费每年上浮，共享汽车企业在运营上会更有压力，从而将共享汽车投保的费用以及上浮的保费向用户进行成本转移。在这一环节上，不同规模的运营企业将会选择不同程度的保险服务，往往会出现以下情况：一是运营企业选择低保额的保险服务，在一定程度上降低了企业的运营成本及消费者的使用成本，成本的降低伴随着消费者费用的降低，进而吸引消费者更多地使用共享汽车。当消费者使用共享汽车的过程中发生意外事故，消费者承担的赔付比例是相对较高的，对消费者的保障程度远远不及私家车购买保险服务的保障程度。二是运营企业选择高保额的保险服务，将保险的费用转嫁分摊到消费者身上，使消费者的费用增加，则消费者会更倾向于选择其他出行服务，而缺少用户流量，作为资本模式运营的汽车租赁企业的损失也较为巨大。这方面成本收益的均衡问题是当前共享汽车企业面临风险管理中的一个重要问题。

（1）消费者在使用共享汽车时，服务平台提供的可选保险服务相对单一 主要是不计免赔，个别平台提供可选乘险，而消费者对自己使用共享汽车购买的保险服务并没有详细了解。也就是说，消费者在使用共享汽车的时候，并不清楚甚至不知道自己购买的保险服务的保障情况，这对于不同风险类型的消费者是不公平的，同时，当发生意外事故时，也会引起更加复杂的法律纠纷问题。

（2）共享汽车平台所提供的保险保障服务不足 从以上抽取的共享汽车品牌平台的用户协议可知，目前大部分共享汽车品牌平台为其共享汽车投保的保险险种保额差异较大，保障普遍偏低，例如在第三者责任险的投保保额上最低只有5万元，同时大部分平台提供的第三者责任险并没有达到50万元的保额。而共享汽车用户一般在使用共享汽车的过程中并没有对所使用的共享汽车保险清楚了解，认为购买了不计免赔服务，即可管理大部分风险，其实不然。共享汽车平台在其App的使用及用户协议中也没有详细说明共享汽车各险种的投保情况。根据共享汽车在运营时的复杂性，出险频率较高，容易引起更多法律纠纷。如果对此问题不做规范处理，随着共享汽车的继续运营，长久以来将会严重影响共享汽车用户使用共享汽车的体验，以致用户为了避免这一风险引发的问题，即便使用成本更高，也会选择其他出行方式。用户对共享汽车失去了信心，共享汽车企业将失去用户流量，品牌形象力下降，这将造成共享汽车平台运营的重大亏损，更会成为分时租赁在我国健康发展的重大

（3）**用户可选择的保险产品针对性不强**　我国2017年发布的《汽车产业中长期发展规划》中提出共享出行、个性化服务成为主要方向，明确坚持跨界融合、以互联网与汽车产业深度融合为方向，推动出行服务多样化，促进汽车产品生命周期绿色化发展，构建互联、协同高效、动态感知、智能决策的新型智慧生态体系。分时租赁共享汽车是现时我国绿色出行的创新选择，但是，共享汽车使用过程中的保险服务仍不满足上述提出的要求。现在共享汽车平台和保险公司为共享汽车车辆所提供的保险主要是以营运性机动车辆保险的形式作为对共享汽车用户在使用共享汽车时的保险服务，共享汽车平台再做相应的保费简单分摊，用户在使用共享汽车的过程中并不能根据自身的风险偏好选择合适自身需要的保险产品，这成为影响用户使用共享汽车意愿的重要考虑因素。

（4）**保险产品收费不合理**　目前，共享汽车企业平台对共享汽车车辆的保险主要是以企业单位为名义向保险公司进行项目综合投保，而在保险费用上，保险公司是以每辆共享汽车作为每一单位进行计算的，同时，共享汽车平台也会将投保的保险费用分摊到用户身上。可是，共享汽车还处于初步发展阶段，对共享汽车平台的一些收费标准并没有相关的监管，仅依靠市场竞争进行适当的范围定价，同样，平台提供的保险服务收费标准也是如此。这样的定价并不透明，提供的保障也不够充分，这对用户来说是一种不公平的消费现象。以EVCARD各类型短租车辆收费标准为例，用户除了支付租金外，还需支付高昂的基本保险和不计免赔费用。根据表5-2所示的40元/天的基本保险费，时间计算上以每年365天为准，该公司同车型每辆车的年化保费收入约为14600元，按照车辆平均租用率60%计算，在事故车辆上一年的保费收入约为8760元/辆。但实际上，以荣威电动汽车E50共享汽车在保险投保平台进行保费询价为例，新车保费约为6000元（含交强险、第三者责任险20万元以及其他常用险种）。EVCARD各类型短租车辆分时租赁的租金收费标准和EVCARD分时租赁车辆收费标准见表5-2和表5-3。

表5-2　EVCARD各类型短租车辆分时租赁的租金收费标准（单位：元/车/天）

序号	车型	平日价（周一至周四）	周末价（周五至周日）	不计免赔	基本保险
1	荣威电动汽车E50	88	128	50	40
2	荣威E550	168	1688	50	40
3	大通G10	258	298	50	40
4	沃尔沃S60L(混动)	499	549	50	40

（资料来源：《EVCARD用户服务协议》）

表5-3　EVCARD分时租赁车辆的收费标准

车型	租金	单车单日最高封顶租金
荣威电动汽车E50、奇瑞EQ、北汽EV160、EC180、海马普力马等	上海、西安、长沙、武汉地区：0.6元/min	216/车/天+3元不计免赔
	非上海、西安、长沙、武汉地区：0.5/min	180/车/天+3元不计免赔

(续)

车型	租金	单车单日最高封顶租金
之诺 IE	1.1 元/min	396/车/天+3 元不计免赔
宝马 i3	21 元/min（30min 起租）	756/车/天+3 元不计免赔
ReachNow 宝马 i3	2 元/min	720/车/天+10 元不计免赔

注：单车日租金最高封顶金额以 6h 计费。
（资料来源：《EVCARD 用户服务协议》）

  由此可见，在不计算不计免赔的情况下，仅仅靠基本保险的保费收入，在保费收入和保单支出之间存在的差额，使共享汽车平台已经可以收回投保汽车保险的成本，甚至有获利的可能，存在基本保险收费过高的嫌疑。同时，在此种情况下，共享汽车平台可以通过降低车辆租金，转而将保费中的部分收入作为利润的一部分，通过低租金吸引更多的用户。

  另外，EVCARD 分时租赁车辆的基本收费主要采用租金和不计免赔的组合形式，没有另外收取基本保险费用。对比表 5-2 和表 5-3 可以看出，同样的车型，仅看单日租金，分时租赁车辆租金约是短租车辆租金的 2 倍，但是与保险服务收费组合之后，两者的单日租金相差不多。可见，分时租赁车辆在收费中没有收取基本保险费用，但其实基本的保险费用已转移到了租金中，从收费的角度来看，只是收费的项目换了形式而已。分时租赁汽车的日租金最高封顶金额是以 6h 计费的，也就是说，不管更换了多少个驾驶人，共享汽车在一天内只要运营够 6h，在保费收入上，共享汽车平台的利润是相当可观的。

  现阶段，大部分共享汽车企业为共享汽车采取的保险方案为传统的营运性机动车辆保险，而部分企业则主动与保险公司合作，为其共享汽车业务性质开发定制化的保险产品。传统的营运性机动车辆保险主要适用于具有营运性质的客车和货车，对于共享汽车来说，它属于租赁型汽车，用户使用共享汽车的主要目的是方便和一些短途出行需求，一般来说，在使用的过程中并不会搭载其他乘客来获取收益，而且共享汽车的续航能力也不能满足通过搭载乘客获取收益的目的。与网约车不同的是，共享汽车的用户是共享汽车的驾驶人而不单纯是乘坐人，营运性质主要体现在共享汽车企业和用户之间的租赁关系。在国家法律法规对此尚未完善时，的确可以使用传统的营运性机动车辆保险作为共享汽车保险服务的过渡阶段，但整体来说，营运性机动车辆保险在使用范围和保障方面并不完全适合共享汽车的风险情况，更增加了共享汽车企业和用户的成本。

  目前，部分共享汽车企业和保险公司一直保持积极合作，共同研发能够满足共享汽车的新型保险产品，但由于相关的风险数据不足、相适应的法律监管尚没完善，可以实际落地的产品并不多。尽管如此，刚起步的共享汽车发展并不会因此停止，共享汽车企业和保险公司选择以责任保险作为共享汽车保险的替代方案，现时创新的产品主要有指定驾驶人责任保险和细分程度更高的分时租赁保险。此类责任保险产品和车辆保险的结合能更好地符合共享汽车的风险性质，同时也能更合适、合理地保障共享汽车企业和用户的权益。

5.3.2 共享汽车保险市场需求的影响因素

1. 共享汽车数量逐年增加

  随着城市化水平的不断提高，我国大部分城市都进入了"私家车时代"。然而，在提高城市居民出行便利化的同时，私家车也给城市带来了许多负面影响。目前，我国对汽车消费的需求仍在快速增长，汽车数量增加带来的社会经济问题将更加突出，这更加需要共享汽车进入人们的生活。在"互联网+"时代，共享汽车通过满足城市居民对短期车辆的需求而降低了人们购买私家车的意愿，并达到了减少汽车增加数量的效果。目前，仅在杭州，便有约1500辆环保车辆、60多个网点和15000名使用者。可以预见，未来共享汽车的数量将持续增加。

2. 共享汽车专有保险品种缺乏

随着共享汽车数量的迅速增加，共享汽车出险发生率明显增加，保险公司和用户对共享汽车保险的需求也不断增加。根据实际调查，我国国内汽车保险市场仍然处于卖方市场，共享汽车所使用的保险不是专为共享汽车设计的，而是直接使用传统的汽车保险，保险公司没有认清客户在保险购买活动中的主要地位，客户需求无法得到满足。这种强制性购买的车险给大部分消费者带来了很大的负面影响，汽车保险业发展越来越困难。因此，保险公司应该为共享汽车推出具有创新性的保险产品。目前，国内外对共享汽车保险发展的研究相对较少，我国保险业应该积极研究推出共享汽车专属保险产品：针对特定地域、人群设计共享汽车保险产品；实行保险费率差异化，综合考虑保险费率的公平性与可实施性；实现保险产品网络化服务与理赔。

3. 汽车风险与用户保险意识

目前，随着我国共享汽车数量的快速增长，交通管理水平及交通设施发展开始跟不上共享汽车的发展速度，再加上人为过失和疏忽等因素，使得汽车风险越来越大。大多数人都厌恶风险，为了回避风险，越来越多的人通过购买保险来解决此问题。风险无处不在，随着我国教育水平的不断提升，人们的受教育程度越高，往往对这一情况的认识越清楚，理性的人一般会合理计划自己的终身消费。随着我国居民收入水平提高，他们支付保险费的能力也在增强，从而增加了对保险的需求。随着共享汽车产业的不断发展，一方面，车主的保险消费意识不断提高，传统观念不断创新，保险覆盖率逐步提高；另一方面，通过政府和媒体舆论的大力宣传，共享汽车这一新兴的汽车消费模式必将受到更多消费者喜爱。目前，我国对汽车保险消费的需求仍在快速增长，共享汽车数量还会不断地增加，因此，保险需求快速增长带来的经济问题将会更加突出。

5.3.3 共享汽车保险产品设计

1. 以责任保险形式的产品设计理念

指定驾驶人责任险和分时租赁险是现在共享汽车保险发展中衍生出来的重要保险产品，而针对这两种类型的产品进一步创新，必须根据目前仍存在的不足进行设计。在共享汽车运营中使用这两款产品，存在的不足主要有：①无法对前后用户驾驶共享汽车中对车辆造成的一定问题而引发的相关事故进行准确的责任认定；②在事故发生时，用户与企业之间关于影响车辆继续运营的责任赔偿问题难以解决。

为了保障共享汽车的使用环节，责任保险形式的保险产品，应结合相应的硬件设备，如OBD车载诊断系统，对每一个使用共享汽车的用户的驾驶信息进行充分记录、数据收集和视频收集，构成类似以驾驶行为记录为主的保险模式。以责任保险形式的产品创新路径如图5-1所示。在大数据时代，这更有助于记录每一个用户在使用共享汽车时发生的问题，在共享汽车发生事故时，能更有效地判别事故的原因是否与共享汽车的前用户驾驶有关，清晰划分前后用户的责任,从而提高理赔过程的效率和准确性。另外,车载记录系统的完善也将有助于分时保费计算和提供延伸服务,如用户的驾驶习惯记录良好时,企业可提供相应的租金和保费优惠,以吸引用户后续更多使用,并降低道德风险和共享汽车使用风险。

同时,此责任保险应延续现有产品的优点,以营运车辆保险为主,以驾驶人责任保险作为超赔保险补充,按时计算保费。其保险责任在包括机动车承租人责任、车上人员责任、机动车损失责任和机动车盗抢责任的基础上,还应加入当用户因使用共享汽车遇到事故时,造成共享汽车需要维修等而不能继续运营,对共享汽车企业造成损失的责任赔偿(如车辆加速折旧费、停运损失费等),更好地保障用户的用车过程。有了充分的保障,可以减轻用户使用的忧虑,进一步提高用户使用共享汽车的频率,从而在一定程度上提高共享汽车企业和保险公司的收益。

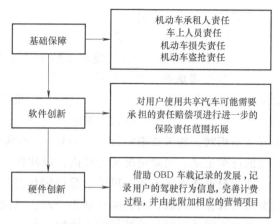

图 5-1 以责任保险形式的产品创新路径

以责任保险形式的共享汽车保险产品在现阶段共享汽车的发展初期和我国车险不断改革的背景下,无疑是共享汽车在风险管理环节中比较符合和适用的过渡保险产品。其可行性在于:

1)符合现阶段的共享汽车政策和车险发展的背景。共享汽车企业在对共享汽车车辆已购置必需的机动车辆保险的情况下,考虑到运营成本,给予用户购置的保障额度将会较小,而用户可以通过自行选择保障范围的共享汽车责任保险来作为共享出行的补充保障。这与以往共享汽车企业在租金和保费上"一锤定音"的模式相比,可以使用户获得更多保障,而且更具灵活性。

2)车险和责任保险搭配的可调控性更强。车险改革是一个漫长的过程,而共享汽车的使用性质使其具有时间相对较短和高频率的特点。共享汽车责任保险的配合将使共享汽车在使用过程中的保障条件可以更快、更有效地扩展,而不会由于法律法规的滞后,影响共享汽车的风险管理把控力度。

2. 共享汽车保险产品设计的特殊化理念

(1) **针对特定地域设计共享汽车保险产品** 随着大数据技术的兴起,用户的地理和个人特征所产生的各类数据可以得到有效记录和分析。该信息平台可以基于共享汽车用户的地理位置、地域特征及地区经济水平,准确营销用户车险产品,使保险电子商务平台定制保险产品成为可能。保险公司优化适合用户的产品,不仅可以满足共享汽车用户的个性化需求,还能进行"一对一"的用户关系管理,有效实现双向沟通。它将为共享汽车保险产品带来新的方向。

(2) **针对特定人群设计共享汽车保险产品** 我国幅员辽阔,不同地区的出险情况大不相同,在现实生活中,很多车主只想投碰撞险,却必须选择广泛的车辆损失保险,这严格限制了消费者的选择空间,对其来说是非常不公平的。因此,保险公司有必要树立差异化产品设计的改革理念,加强对汽车保险产品的自主开发和共享,打破现有条款的制度模式,从结合用户实际发生的保险记录、对不同用户群体进行市场需求调查等多角度出发加以设计，以满足不同用户群体的个性化需求。

3. 共享汽车保险产品实行费率差别化设计理念

（1）**综合考虑费率的公平性** 我国的共享汽车保险市场仍处于初级阶段，在采用保险费率计算时难免混乱，为了实现共享汽车产品的可持续发展，费率市场化为保险公司创新产品创造了机会。以往的保险费率制定过于单一，不符合实际情况，我国地域广阔，事故发生情况大不相同，如果费率实行"一刀切"，不利于费率制定的公平性原则。因此，应将用户以往的行车记录、出险情况考虑在内，以此作为制定费率的依据，只有在费率市场化的条件下，才能根据各地区不同的风险状况设定与实际情况相符合的费率标准。对于被保险人，保险费应与被保险人获得的保险权利相一致，风险性质相同的被保险人应当承担相同的保险费率，具有不同风险特征的被保险人则应承担不同的保险费率。保险公司应制定合理、公平的费率结构，并根据市场变化及时调整费率，不断提高竞争力。

（2）**综合考虑费率的可实施性** 保险公司费率制度的制定要顺应市场，提升产品的创新能力，需要从需求、地区、收入水平等多方面考虑，形成多层次、全方位的竞争环境，不能盲目地搞价格竞争，要提升公司的盈利能力。应以用户为中心，建立收集和测量系统以获取共享汽车保险有关的数据，为科学选择共享汽车保险参考指标和科学确定保险费率提供依据，并与其销售的市场环境相适应，充分反映保险费价格的调整。在费率市场化改革推进过程中，采取稳妥可靠的措施，通过分步和分地区试点，逐步推进，最后在全国范围内展开车险费率市场化改革。

4. 共享汽车保险产品网络化设计理念

（1）**实现"互联网+"新型汽车保险服务** 无论是新车共享模式还是传统模式，该模式的特征都决定了它必须向网络化运营方向发展。保险公司必须始终贯彻在线品牌的意识，并以用户为中心，从产品设计、定制、销售到服务，实现全面联网。网络可以提高车辆效率和服务质量，互联网保险不仅体现在前端产品的设计上，还包括后端服务的更新。特别是在服务器端，简化前端链接和用户操作，减少人工干预，并通过面部识别等高科技实现在线快速索赔。在我国的汽车保险市场中，各种保险公司已开始尝试将产品设计和在线服务结合起来，但服务质量可能存在一定的缺陷。调查报告显示，被调查用户中有60%的人对目前使用的保险不满意，"服务质量差、服务内容不详"的反馈居多。只有将高质量的服务与创新的互联网设计相结合，才能通过自己的服务推出个性化产品，才能实现保险产品的可持续发展。"互联网+"汽车保险服务企业经营模式，能够提高工作效率、降低成本、增加客户，同时方便企业管理且信息透明、传播速度快、传播范围广，从而为车主提供更优质的服务。这种创新模式能够从根本上实现共享汽车服务的双赢。

（2）**实现"互联网+"创新型汽车保险理赔** 从共享汽车运行模式的角度来看，用户通过共享汽车企业App或第三方平台App解锁汽车，保险合同生效。共享汽车保险属于互联网保险范畴，可以打破时间和地域限制，并可根据现场随时随地提供在线承保、理赔等服务。这便要求共享汽车保险业务必须改变以单纯追求盈利为目的的运营模式，坚持以效率为中心，实施集中监管模式，以统一质量、规模和速度。索赔质量是衡量保险公司服务质量的重要标准，如平安银行实行24h值班及紧急救援，推出全国通赔服务，无论哪里出险，都可以在当地得到一样品质的理赔服务。因此，有必要提高汽车保险理赔的效率，进一步简化理赔程序，不断提高理赔服务质量，减少内部流通环节，减少数据收集的滞留时间，积极收集索赔文件，实现加快索赔速度、缩短索赔期限，从而有效提高用户满意度。

5.3.4 共享汽车保险产品的定价方法

共享汽车保险产品在定价上可参照非寿险精算定价，通过共享企业和保险公司对用户的出险记录、赔偿金额等进行数据收集，确定保额的损失率，再把管理上的其他费用进行附加获得基础的责任保险费率。例如，布莱克-斯科尔斯（Black-Scholes）模型定价方法是非寿险精算模型定价法中较为经典的一种，其模型为

$$d_1 = \frac{\ln\left(\frac{S}{E}\right) + \left(R + \frac{\delta^2}{2}\right)t}{\delta\sqrt{t}} \quad d_2 = d_1 - \delta t \tag{5-1}$$

式中　S——保险标的的价值，即投保前对被保险财产的实际价值的估计；

　　　E——模型中表示执行价格，这里认为是发生损失后的标的价格；

　　　R——时间 t 内的无风险利率，按国债利率计算；

　　　t——保单的有效期限，一般为短期 1 年；

　　　δ——资产波动率，表示保险标的的价值波动。

非寿险精算定价的一般流程如下：

（1）**损失分布估计**　非寿险精算定价的损失分布类似于一般的统计估计，包括分布拟合与参数估计。对共享汽车责任保险的定价，要对索赔频数和每次损失赔偿的金额进行正确的损失估计，再通过对索赔次数和损失金额进行数据处理，选取恰当的统计方法，以确定损失分布。

（2）**确定保额损失率**　此类责任险损失分布的建立，可以估计未来的损失情况，然后确定保额损失率。保额损失率是根据共享汽车的责任保险损失概率确定的，是确定其责任保险费率的主要部分。

（3）**附加保费的计算**　附加保费包括风险附加和费用附加。风险附加是指在无风险费率的基础上附加的费率，是为了防止实际保险金额损失率偏离正常的保险金额损失率期望值而附加的费用，以保障保险公司不会因亏损而破产。费用附加是指保险公司在经营此类责任保险业务时，向用户或企业收取的经营管理费用、佣金和税金等，属于保险公司的经营成本，以保险人的营业费用为基础，常按风险保费的一定比例计算。

（4）**风险调整**　在这一部分，可以结合共享汽车 OBD 车载系统对用户驾驶共享汽车的出险记录和驾驶行为情况评分。对于没有出险记录或驾驶行为在系统计算中评分较高的用户，保险公司和共享汽车企业可根据行业的标准，对用户在使用共享汽车时的保险费率和租金予以一定程度的减少；同时，对于驾驶行为习惯较差或出险次数较多的用户，保险公司和共享汽车企业可根据情况适当提高保费和租金或进行一定的惩罚性使用限制。

5.3.5 共享汽车保险的风险

分时租赁形式的共享汽车相比传统的租赁汽车风险更高。因为传统租赁汽车的最短租期按日计算，而分时租赁形式共享汽车的租期按分钟计算，时间上不超过一天。由此，在一天内驾驶共享汽车的可以有数个不同的承租人，当出现事故定责情况的时候，共享汽车平台、

保险公司和用户之间如何准确定责是一个难点。共享汽车保险的风险极具复杂性，主要体现在以下方面：

1. 驾驶人的不确定性

针对共享汽车的用户或驾驶人，共享汽车平台与保险公司如何区分驾驶人的技术水平是一件相对困难的事情。用户的驾驶意识程度和习惯等情况的不同，都会带来不同的风险。另外，共享汽车平台对驾驶人是否与信息登记使用人一致这一环节缺乏相关的识别认证，存在一定的风险漏洞。例如，未成年人可以通过使用其父母手机中已登记身份验证信息的共享汽车平台软件进行预约登记，自己再取车上路。由于未成年人的驾驶技术有限且没有驾驶证，无形中大大增加了交通事故发生率，会造成多方的损失。

2. 车辆行驶的高频性

正常情况下，共享汽车在用户租赁时间上是少于传统租赁汽车的。但在使用时间上，共享汽车和传统的租赁汽车是不相同的，甚至相差较大。共享汽车在租赁时按分钟计算，租赁的时间基本就是行驶的时间；而传统的汽车租赁中，用户租赁的时间长短与行驶的时间不一定等同。在租赁频率或行驶频率上，共享汽车一般高于传统的租赁汽车。租赁的频率高，意味着共享汽车一天内的行驶时间比传统租赁汽车的行驶时间更长。而当车辆持续行驶时间较长时，发生交通意外事故的概率也会增加。另外，用户在刚开始驾驶共享汽车时，对汽车状况和路况可能不太熟悉，因此也会带来更多的风险和隐患。

3. 道德风险的普遍性

在共享汽车的使用中，由于用户的驾驶习惯和技术不同，发生较多共享汽车车辆刮擦、急停急刹、内饰磨损甚至有意地损坏等，这些行为会造成后面用户在行驶过程中发生意外事故的概率增加。而不同用户对共享汽车的使用习惯不同，可能存有"不是自己的车不爱护"的心理，甚至有不在意损毁车辆的行为，会导致后续的用户在驾驶过程中发生交通意外事故，增加了保险公司在界定责任的勘察理赔方面的困难。

共享汽车用户的不确定性和事故责任涉及多方的关系，使得保险勘察的过程变得相当困难以致理赔的进程变复杂，一旦发生交通事故牵涉的人员较多，事故责任认定相当困难。因为根据法律规定，当机动车辆发生损坏时，机动车辆的拥有者、管理者以及驾驶人均需承担相应的责任。在这个过程中，各方的责任界定、相应的责任赔偿比例等复杂的关系，会造成共享汽车发生事故后理赔流程所用的时间变长，无形中导致更多的时间成本损失。

总体上来看，目前保险公司因为共享汽车的赔付率较高，对共享汽车保险产品开发项目投入的资源较少。因此，共享汽车保险从承保到理赔没有统一的指标和完善的定责体系，相较传统的机动车辆保险来说成熟度不足。

5.3.6 典型共享汽车险种案例

1. 租车责任险——以凹凸租车指定驾驶人责任险为例

凹凸租车将驾驶人责任险作为对现时共享汽车中租车责任险险种的产品，主要适用于保障消费者租赁以短租和长租为租期的传统租赁汽车和 P2P 租车提供的车辆。

凹凸租车是一个以轻资产模式运营的共享租车第三方服务平台，平台上的车辆是其他车主提供的闲置车辆，车辆的所有权并不属于凹凸租车。凹凸租车提供的是一个第三方的共享服务平台，让消费者可以租到车况更好的车辆。但是，由于车辆的所有权并不属于平台，租赁人在使用租赁车辆时如果发生意外事故，在出租人、租赁人和服务平台之间的责任确立和事故定损难度更大。为减少此类法律纠纷风险，租车平台与保险公司合作推出与此共享租车服务相适应的机动车指定驾驶人责任险险种。

（1）**指定驾驶人责任险的保险责任**　在凹凸租车用户协议中列明，其提供的机动车指定驾驶人责任险的保险责任是"被保险人指定某一驾驶人在保障凭证列明的区域范围及保险期间内，因使用租用车辆发生意外事故，造成第三者的人身伤亡和财产损失，依法应由被保险人承担的经济赔偿责任，保险人按条款的规定负责赔偿，该保险合同保险凭证中列明的租用车辆视为第三者财产"。

（2）**指定驾驶人责任险的特点**　在此款机动车指定驾驶人责任险中，投保人为凹凸租车租车平台，被保险人和指定驾驶人均为车辆租用人，保单有明确的被保险车辆和被保险区域，保险期间为租用人租用车辆订单生效开始至租用人归还车辆订单结束为止，指定性较强，保险人能更好地把控风险。同时，该保险对用户的保障可作为超赔保险，也就是发生事故赔付时可以优先于租赁车辆的原商业保险进行赔偿，相当于车辆原商业保险的再保险。可以理解为在一定范围内，租用人使用租用车辆发生保险事故，并不会影响租用车辆原商业保险的保障情况；另外，如果租用车辆曾经发生过保险事故，保险公司进行了相应的赔偿，但并不影响下一位租用人使用此租用车辆投保获得的保险保障额度。

（3）**指定驾驶人责任险的不足**　凹凸租车机动车指定驾驶人责任险清晰地明确了提供车辆的出租人（车主）、租赁平台、租用人及保险公司的责任范围，同时对各方都有充分的保障。但是，此险种主要适用于按日计时的短租和长租类型的 P2P 共享汽车，适用范围仍不够广泛。另外，用户要承担平台的服务费、车主的租金、额外的保费，无疑使用成本增幅较大。加之 P2P 租车的轻资产模式入门门槛较低，租用车辆并不属于平台，对租用车辆的监管力度不足，也会加大租用人租用车辆的风险。

2. 分时租赁险——以微行保分时租赁险为例

分时租赁模式中，共享汽车在行驶时的风险明显比其他机动车辆要高，尤其是共享汽车行驶的高频率和用户可以随用随换车的特点导致共享汽车的实际使用频率更高，因此车辆发生交通意外事故的频率也更高。对此，从保险公司方面来看，面对共享汽车的风险性、高赔付率，最简单的应对方式就是提高保费以弥补运营成本。另外，商业车险费率的改革中明确规定，车辆每年的保费浮动是依据车辆上年的出险情况来决定的，因此，共享汽车企业在车辆保险上需要投入一定的保障成本，也造成了企业运营的更大资金压力。为了解决运营商痛点，亟待有创新力度的保险产品来解决共享汽车保险一环的难题。在当前的阶段中，比较适合共享汽车的创新保险产品是微行保分时租赁险。此险种是由分时租赁的技术服务提供商与保险公司合作开发的，作为针对共享汽车分时租赁模式的首款定制的专属承租人责任险产品。

（1）**微行保的内涵**　微行保是针对共享汽车的应用场景，以租赁人责任保险作为基础，按照用户租赁车辆时长以分时计费、保险的费率基于用户在该共享汽车平台使用以来的驾驶行为灵活变动，同时，与商业车险互相配合对共享汽车使用过程的风险进行转移，能更好地应对企业和用户在使用共享汽车的过程中可能造成的法律责任并给予充分的保障。此创新产品对保险在分时租赁的过程中承保、定责以及理赔的指标和体系进行了统一，不仅降低了共享汽车企业的运营成本，而且基于用户驾驶行为的费率调节方式也更好地防范了道德风险，促进用户驾驶行为的文明和安全普及。另外，共享企业以及相关技术服务提供商与保险公司对共享汽车价值链整合战略的重要措施，推动了"B2B2C2B"闭环商业模式的发展。

微行保的创新之处在于其依据用户使用共享汽车的时间长短进行保费收取，而且用户每一次使用共享汽车都会有对应的一份独立保单，保单的保障期限为自用户使用共享汽车的订单生效至其结束，每次使用的每一份保单都匹配完整保险责任额度。用户在预订服务时即可了解车辆保险的完整情况，不仅提高了协议的透明度，更能切实保障用户和企业的双方利益。

在保费价格方面，对于用户来说，保费定价更合理且更有层次性。以传统租赁汽车的一般车型每日所需支付的基本保险费用约50元为例，假定车辆每日平均使用的时间为8h，用户所需支付的保费分摊到每小时即为6.25元；而同样的情况，分时租赁险在有免赔时，每小时的费用仅为2.67元，价格上的优势相当明显，而且更有保障，对于价格敏感性程度较高的用户来说，更符合其出行需求。

对于企业来说，企业对车辆投保的方式可以不像过往以年缴的形式来支付，而主要是以运营时间为标准预付保费。企业在使用此保险方案时，以预计运营的共享汽车车辆数目作为基础，在时间上分段预付保费，可有效地降低共享汽车初期车辆保险投入的资金压力，将其分散至不同的运营时间段，使企业对成本更可控。

（2）微行保的特点　除了保费价格降低和企业运营压力减小之外，微行保还具有以下特点：

1）切实符合政策指导需要。《机动车辆保险示范条款（2020版征求意见稿）》中指出，车辆购买交强险、第三者责任险等相关保险时，按照登记的使用性质对应的保险费率投保。鼓励汽车租赁企业与保险公司根据汽车租赁业务特点和风险大小，开发保险产品，提高汽车租赁经营者抗风险能力，保障承租人合法权益。微行保应用于共享汽车场景，贴合分时租赁特点的创新产品，是响应部委倡议的要求，运用互联网思维和模式，为共享汽车企业和用户提供的行业契合度较高的风险保障方案，另外，对传统车险的创新更有促进试行作用。

2）更好地缓解运营商的压力和满足人们共享出行的保障需求。微行保提供的保险服务相对目前共享汽车平台提供的保险服务更灵活，因为此险种按使用时长收取保费，并不是传统的定额保险。因此，用户可以根据自身的风险偏好选择适合自己的保障需求，可供用户选择的服务类型更多，用户的自主性更强。一般来说，保险公司对营运性车辆的责任险赔付是有金额限制的，如若车辆出险的次数增加，定损的金额提高，当金额累计超过保险公司给予的赔付上限后，保险公司将不再负责超出部分的赔付。该分时租赁险不同之处还在于其以每份共享汽车使用订单对应不同的每份保单，因此用户每次使用共享汽车，都会享受最大限额的保障。微行保提供的保障内容和保费价格见表5-4，微行保机动车承担人责任保险各保额费用见表5-5。

表5-4　微行保提供的保障内容和保费价格（以机动车承租人责任保额100万元为例）

保险责任	保额/元	无购买不计免赔保费/(元/h)	购买不计免赔保费/(元/h)
机动车承租人责任	100万	1.73	2.07
车上人员责任	5万	0.09	0.11
机动车损失责任	按发票金额	0.70	0.70

(续)

保险责任	保额/元	无购买不计免赔保费/(元/h)	购买不计免赔保费/(元/h)
机动车盗抢责任	按发票金额	0.15	0.15
合计		2.67	3.03
免赔额		500 元	无

注：数据源于：2017 年易微行与中国人民保险公司发布的《中国首款汽车分时租赁险——微行保》。

表 5-5　微行保机动车承担人责任保险各保额费用（购买不计免赔后的费用）

(单位：元)

机动车承租人责任保额	时租保费	日租保费
30 万	2.20	13.18
50 万	2.62	15.70
100 万	3.03	18.16

注：数据源于 2017 年易微行与中国人民保险公司发布的《中国首款汽车分时租赁险——微行保》。

以机动车承租人责任保额 100 万元为例，分时租赁险的保险费用在无免赔的情况下约为 3 元/h，在真正实现分时租赁保险分时计费的同时，用户还可以根据自身的风险偏好选择不同的保障方案。另外，规模较小的共享汽车平台也不用在发展初期因用户量少但投入大而将相关的成本费用分摊给用户。例如保险部分，可以此险种为例，大大减轻保费压力，也可以在一定程度上降低运营的压力。既为消费者节省费用，又让出行安全更有保障，为用户和运营企业带来诸多利好。

3）助力 UBI（Usage-based Insurance，基于使用量而定保费的保险）驾驶行为保险的进一步试行。UBI 车险在我国甚至全球已经发展了一段时间，但是由于各种因素，仍没得到广泛的推广。而此款微行保产品必须结合共享汽车企业平台掌握的用户数据和用户的驾驶行为，才能被更好地使用。毕竟车险产品需要大量的数据做支撑，才能满足保险的大数法则的要求。微行保此款产品的开发，是 UBI 驾驶行为保险进入市场的初步试点，通过用户驾驶共享汽车进行数据收集以支撑和完善产品核心的风控模型，然后依据险种的大数据分析对用户的驾驶行为和共享汽车企业的运营情况做保险费率的调整。根据该险种的运行数据收集，以赔付率为标准，当赔付率较低时，企业和用户所需支付的保费也随之降低；同时，企业可以结合用户的驾驶行为进行激励计划，使共享汽车企业对运营成本更有掌控力，而用户可得到更好的保障和支付更合理的费用。运营的时间越长，用户订单数据的大量聚合可以不断模拟出更准确的风险判断模型，以此来为行业赔付率的标准统一提供参考数据，这也为今后车险的创新提供了有力的支撑。

(3) **微行保的风险**　尽管微行保此类分时租赁保险在概念和理念上能满足共享汽车平台和用户的需求，但是一款保险产品的确实落地实行需要满足多方面的要求，例如，符合相关法律法规及有关规定的要求。微行保现阶段处于刚上线阶段，在规定的范围内试行，同样，与之类似的创新险种也在各大共享汽车品牌平台和保险公司积极合作研发下慢慢落地试行。但是，并不能因其优势突出而忽略了分时租赁险属于高频车险类型以及隐藏其后的相关风险漏洞。

从理赔风险方面来看，此险种是以共享汽车租赁人为主的责任保险，也就是说，险种保障的是用户在使用共享汽车的过程中可能发生要承担的责任。但由于分时租赁险处于初步试点阶段，险种对用户的约定和保险条款告知并没有详细的说明，有个别保险的保障内容和保额尚未能在手机软件中清晰显示。此情况在理赔方面会发生一定的纠纷。

从实际使用风险方面来看，分时租赁险条款不够清晰，易产生漏洞，如事故后是否会出现超赔现象。当共享汽车企业和保险公司承担部分保险损失后，共享汽车用户也要承担部分赔偿，但赔款方面如何界定，容易产生纠纷。另外，分时租赁险是高频车险，在法律监管上是否满足相关要求，也没有详细的说明。

第6章 共享汽车的相关技术

随着全球汽车产业的高速发展、汽车电子技术的广泛应用、互联网的基本覆盖，汽车行业的发展已不是单个行业的运作。其中，共享汽车结合了电子技术、互联网技术、计算机技术等，形成了多元化、网联化、智能化的发展，在交通运输、交通服务控制等多个领域中有着重要的应用。作为一种新型汽车使用模式，汽车共享模式与传统的汽车租赁模式有着根本的区别，其关键技术在于将汽车电子技术和网络技术进行了融合。共享汽车的核心技术也在与时俱进，不断发展。

物联网技术的快速发展是共享汽车得以实现的关键。物联网，顾名思义就是物物相连的网络（Internet of Things，IoT）。利用局部网络或者互联网等通信技术把传感器、控制器、机器、人员和物品等通过新的方式连接在一起，在这个网络中，物品（商品）能够彼此进行"交流"，而无须人的干预。其实质是利用射频识别（Radio Frequency Identification，RFID）技术，通过计算机互联网实现物品或商品的自动识别和信息的互联与共享。共享汽车的发展得益于物联网的发展，特别是充分利用了电子标签的无线传输、可识别高速运动的物体等功能以及全球定位系统（GPS）。物联网是为了实现智能化管理，通过电子标签、红外感应器、全球定位系统、激光扫描器等信息传感设备，按约定的协议，把物品与互联网连接起来，进行信息交换和通信的一种网络。物联网产业链可以分为标识、感知、处理和信息传送四个环节，每个环节的关键技术分别为电子标签、传感器、智能芯片和电信运营商的无线传输网络。射频识别是一种非接触式的自动识别技术，它通过射频信号自动识别目标对象并获取相关数据，用于控制、检测和跟踪物体。射频识别技术可识别高速运动物体，为共享汽车实现全时段管理提供了条件。

从欧美国家的共享汽车来看，一般将含有射频识别、传感器、智能芯片等技术的"盒子"直接粘贴于汽车风窗玻璃上，再利用 GPS 的全球覆盖、全天候、精确定位以及高效率等特点，对全市、全国乃至全球的共享汽车进行跟踪和管理，提高了车辆的利用率。而共享汽车用户从网上或通过手机预订车辆后，用户的用车信息，如使用时间、目的地、车型、离用户较近的停车场、电话等，通过无线通信系统传输到共享汽车公司的计算机系统中，并将相关的信息传送到汽车的"盒子"中，这个"盒子"将自动授权用户使用此车。

6.1 共享汽车电子技术

共享汽车电子技术是指利用装载在车辆上的各类传感器，对车辆的位置、状态参数进行实时获取，同时实现汽车与远程服务系统随时随地通信的过程，即人们常说的物联网概念。车、路和人之间的网络连接系统是实现信息交互的基础，汽车感应技术是它的末梢神经，传感器即是它的神经元。其应用范围主要包括汽车的传感器网络和道路的传感器网络。图 6-1 所示为汽车传感器网络示意图，图 6-2 所示为道路传感器网络示意图。

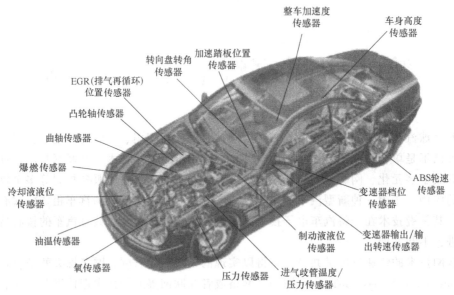

图 6-1　汽车传感器网络示意图

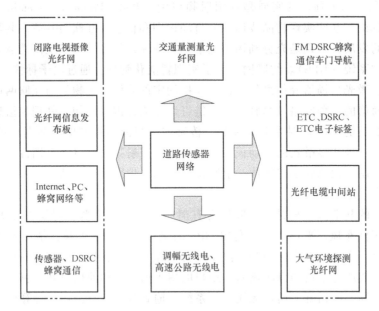

图 6-2　道路传感器网络示意图

6.1.1　汽车内部感知技术

汽车感知技术主要包括汽车内部感知技术和车辆整体感知技术。汽车内部感知技术是指利用装置在汽车内各重要部位的众多不同用途的车用传感器，专门检测汽车不同部位的工作状况，及时以电信号方式向车用微机进行传输，向驾驶人提供关于车的实时状况信息，以供其分析判断汽车的状况。例如，远程诊断就需要利用这些状况信息分析判断汽车的状况，防碰撞的传感器信息及感应外部环境的摄像头也可以传递信息用来增强安全和辅助驾驶。

传感器通过检测各种汽车参数来确保车辆上的电子系统有效工作，从而提高汽车的动力性、环保性和燃油经济性，同时提高驾乘舒适性和安全性。例如，缸内压力传感器可用来检测发动机燃烧循环，并给予发动机管理系统直接的反馈，从而精确控制燃烧过程。气缸压力传感器的典型应用有：用于柴油车可以减少微粒和氮氧化物的排放；用于均质混合气压燃技术的汽油机可获得燃油控制所需的精确燃油测量。混合动力汽车和电动汽车也通过使用感知技术来延长行驶里程和蓄电池寿命，如使用电动机速度传感器、电池流量传感器和温度传感器。

汽车传感器作为汽车电子控制系统的信息源，是汽车电子控制系统的关键部件，也是汽车电子技术领域研究的核心内容之一。汽车传感器对温度、压力、位置、转速、加速度和振动等各种信息进行实时、准确的测量和控制。衡量现代高级轿车控制系统水平的关键也包括其传感器的数量和水平。在以汽油机为动力的现代汽车上，发动机管理系统以其低排放、低油耗和高功率等特点迅速发展且日益完善，传感器在其中发挥着举足轻重的作用。下面介绍汽车发动机中比较具有代表性的传感器。

1. 温度传感器

温度是反映发动机热负荷状态的重要参数。为了保证控制系统能够精确控制发动机的工作参数，必须随时监测发动机的冷却液温度、进气温度和排气温度，以便修正控制参数，计算吸入气缸空气的质量流量，并进行净化处理。冷却液温度传感器（Coolant Temperature Sensor，CTS）通常称为水温传感器，其主要功能是检测发动机冷却液的温度，并将温度信号变换为电信号传给电控单元（Electronic Control Unit，ECU）。ECU根据发动机温度修正喷油时间和点火时间，使发动机处于最佳工作状态。进气温度传感器（Intake Air Temperature Sensor，IATS）的主要功能是检测进气温度，并将温度信号变换为电信号传给ECU。ECU根据发动机的进气温度和压力信号修正喷油量，使发动机自动适应外部环境温度和压力的变化。常见的温度传感器有热敏电阻式温度传感器、热敏铁氧传感器、晶体管式温度传感器、双金属片式温度传感器及扩散电阻式温度传感器等。

2. 空气流量传感器

空气流量传感器用于测量发动机的进气量，将发动机的进气量转换为电信号后输入ECU，以便ECU根据预定的空燃比计算燃油喷射量。进气量信号是ECU计算喷油时间和点火时间的主要依据，根据检测进气量的方式，空气流量传感器分为D型（压力型）和L型（空气流量型）两种。D型空气流量传感器利用压力传感器检测进气歧管内的压力，控制系统利用该绝对压力和发动机转速计算吸入气缸的空气量，以控制燃油喷射，其特点是测量精度不高、控制系统成本低。L型空气流量传感器利用流量传感器直接测量吸入进气管的空气流量，测量精度高，控制效果优于D型。L型空气流量传感器又分为体积流量型（如翼片式、量芯式和涡流式）传感器和质量型（如热丝式和热膜式）传感器。其中，质量型传感器中的热膜式流量传感器内部没有运动部件，因此没有运动阻力，使用寿命远远长于热丝式流量传感器。

3. 压力传感器

在进气量采用歧管绝对压力计算方式的电控喷油系统中，进气歧管压力传感器是最重要的传感器，相当于采用直接测量空气流量的电控喷油系统中的空气流量传感器。它依据发动机的负荷状态测出进气歧管内绝对压力的变化，并将其转换成电压信号，与转速一起输送到ECU，作为决定喷油器基本喷油量的依据。压力传感器根据其信号原理可分为压敏式、电容式、膜盒传动的差动变压器式和声表面波式等。其中，电容式和压敏式进气压力传感器在当今发动机电子控制系统中应用较为广泛。声表面波式（Surface Acoustic Wave，SAW）进气传感器是在一块压电基片上用超声波加工出一个薄膜敏感区，上面刻制换能器（压敏SAW延时线），换能器与电路组合成振荡器，通常通过螺纹拧入气缸体的油道内，其内有一个可变电阻，根据机油压力的高低，滑动触笔移动，改变桥式电路输出电流，以达到检测的目的。

4. 位置传感器

曲轴位置传感器（Crankshaft Position Sensor，CPS）是发动机电控系统中最主要的传感器，其功能是传递控制点火时刻、喷油时刻和确认曲轴位置。其检测并输入发动机ECU的信号包括曲轴转角、活塞上止点和第一缸判定信号，同时也是供测量发动机转速的信号源。曲轴位置传感器主要分为光电式、磁感应式和霍尔式等类型。节气门位置传感器的功能是把节气门打开的角度（即发动机负荷）大小转变为电信号后输入ECU，ECU根据节气门位置信号或全负荷开关信号判断发动机的工况，根据不同工况对混合气浓度的需要来控制喷油时间，以提高发动机的功率和效率。节气门位置传感器主要有触点开关式、可变电阻式、触点和可变电阻组合式三种，按输出方式分为线性输出型和开关量输出型两种。

5. 排气氧传感器

排气氧传感器（Exhaust Gas Oxygen Sensor，EGOS）通过监测排出气体中氧离子的含量来获得空燃比信号，并将该信号转变为电信号输入ECU，ECU根据信号对喷油时间进行修正，实现空燃比反馈控制，使发动机得到最佳浓度的混合气，从而达到降低有害气体的排放和节省燃油的目的。空燃比一旦偏离理论值，三元催化剂对一氧化碳、碳氢化合物和氮氧化物的净化能力将急剧下降。

6. 转速传感器和车速传感器

发动机转速传感器的功能是在已知单位时间空气流量的基础上检测发动机转速，以确定每循环负荷最佳空燃比的喷油量。常采用电磁感应式发动机转速传感器，ECU通过检测电磁感应式传感器线圈中产生的脉冲电压间隔，测出发动机转速。

车速传感器的功能是测量汽车行驶的速度，主要有可变磁阻式、光电式和电磁感应式等类型。可变磁阻式传感器利用磁阻元件（Magneto Resistive Element，MRE）的阻值变化引起电压变化，将电压变化输入比较器，由比较器输出控制晶体管的导通和截止，以此测出车速。光电式车速传感器用于数字式速度表上，由发光二极管（Light Emitting Diode，LED）、光敏晶体管和遮光板构成。当遮光板不断遮断LED发出的光束时，光敏晶体管检测出脉冲频率，从而测出车速。电磁感应式车速传感器用于自动变速器型车辆测速，由电磁感应线圈和永久磁铁组成，主要通过自动变速器输出轴转动时感应线圈中的磁通量变化来产生交流感应电动势，车速越快，磁通量变化越大，输出的脉冲电压频率越高，因此控制系统根据脉冲电压的频率测出车速。

现代汽车均装有防抱制动系统（Anti-lock Braking System，ABS）和防滑控制系统（Anti Skid Control System），二者均设有获取车轮转速信号的轮速传感器，通常有电磁感应式和霍尔式两种类型。

7. 其他传感器

爆燃传感器是点火时刻闭环控制必不可少的重要部件，其功能是将发动机爆燃信号变换为电信号传递给 ECU，ECU 根据爆燃信号对点火提前角进行修正，从而使点火提前角保持最佳。它分为压电式和瓷质伸缩式两种。碰撞传感器是在电子控制式安全气囊系统中使用的传感器，可分为碰撞烈度传感器和防护碰撞传感器两类。电流传感器主要应用于电动机控制、负荷检测和管理、开关电源和过电流保护等。

汽车传感器除上面介绍的用于发动机的传感器外，还包括底盘控制类传感器和车身控制类传感器等多种传感器。其中，底盘控制类传感器是指用于变速器控制系统、悬架控制系统、动力转向系统、防抱制动系统等底盘控制系统中的传感器。尽管分布在不同的系统中，这些传感器的工作原理与发动机中相应的传感器是相同的。并且，随着汽车电子控制系统集成化程度的提高和 CAN（Controller Area Network，控制器局域网络）总线技术的广泛应用，同一传感器不仅可以为发动机控制系统提供信号，也可为底盘控制系统提供信号。而车身控制类传感器主要用于提高汽车的安全性、可靠性和舒适性等。由于其工作条件不像发动机和底盘那么恶劣，对一般工业用传感器稍加改进就可以应用。车身控制类传感器主要有用于自动空调系统的温度传感器、湿度传感器、风量传感器和日照传感器等，用于安全气囊系统的加速度传感器，用于门锁控制系统的车速传感器，用于亮度自动控制系统的光传感器，以及用于消除驾驶员盲区的图像传感器等。

6.1.2 车辆整体感知技术

车辆整体感知技术是车辆对车外环境状况的感知，以及路边感知设备对车辆的感知识别。其主要是利用铺设在路边和路面边的传感器感知和传递道路的状况信息，如车流量、车速和路口拥堵情况等。有关技术主要有对车辆进行身份识别的射频识别技术和图像识别技术，对车速进行测量的雷达、地磁和地感技术，对前后车距进行感知的激光和超声波测距技术，对车辆进行空间定位的卫星定位导航技术等。这部分内容将在后续的章节中介绍。

无论是汽车内部感知技术还是车辆整体感知技术，无论是汽车传感器网络还是道路传感器网络，都起到了对车况和环境感知的作用，为共享汽车监控系统提供了独特的网络信息。整合传感网络信息已成为监控共享汽车各种状态必须研究的内容。

6.1.3 用户信息的认证与匹配

1. 身份认证

身份认证是指通信双方可靠地验证对方的身份。参与身份认证的双方根据功能的不同，分别被称为认证方和被认证方。被认证方向认证方发起认证请求，同时提交自己的身份信息；认证方响应认证请求，检验被认证方提交的身份信息，并将认证结果返回被认证方。在这个过程中，身份信息一般通过网络传递。

身份认证是保密通信和信息安全的基础。通过身份认证机制可以鉴别网络事务中涉及的各种身份，防止身份欺诈，保证通信参与各方身份的真实性，从而确保网络活动正常进行。目前使用的身份认证技术可以分为三种类型：基于所知的认证、基于所有的认证及基于个人生物特征的认证。认证方式包括口令认证、智能卡认证及指纹、虹膜等生物认证方式。

（1）基于所知的认证　用户必须知道某些信息才能被认证。口令认证就是这种认证模式的一个例子。另一个例子是同银行卡一起使用的个人识别码 PIN 或者类似的令牌。在这种认证模式下，如果秘密泄露，不会留下任何痕迹。当有其他人使用用户的用户名和口令登录时，很难证明用户是无辜的，因为无法证明他没有泄露口令。

（2）基于所有的认证　用户必须出示自己所持有的一个能被认证的物理标记，如用于控制进入公司大门的卡片或身份标签。但是，物理标记可能遗失或被盗。为了增加安全性，物理标记通常与合法拥有者的身份证明码一起使用，或者与识别用户知道的口令结合起来使用。例如，银行卡与 PIN 就是将这些机制结合起来识别合法用户的信息。

（3）基于个人生物特征的认证　基于个人生物特征的认证是指采用每个人独一无二的生物特征来验证用户身份的技术，常见的有指纹识别、虹膜识别等。下面以指纹为例来介绍生物特征认证的原理。首先，需要采集用户的指纹（所谓的"参考模板"）。为了更准确，需要收集几个模板，可能还要收集不同手指的指纹。这些模板被存储在安全数据库中，这一过程称为注册。在用户登录时，再次读取用户指纹，并将该指纹与存储的模板进行比较。

从理论上说，基于个人生物特征的认证是最可靠的身份认证方式，因为它直接利用人的生物特征来表示每一个人的数字身份，不同的人几乎不能具备相同的生物特征，因此几乎不可能被仿冒。在上述认证方式中，口令认证应用最广，从普通的计算机登录系统到网络邮件系统都采用这种方式。但是，口令认证的安全程度较低，容易被他人盗用。基于指纹、虹膜等的生物特征认证方式是生物技术在信息安全领域的应用，具有普遍性和唯一性的特点。然而，基于生物识别设备成本和识别技术水平的考虑，目前这种方式还难以得到大规模普及。

目前，关于汽车上的身份认证，应用比较广泛的有遥控无钥匙进入（Remote Keyless Entry，RKE）系统和被动无钥匙进入（Passively Keyless Entry，PKE）系统。针对这两个系统，身份认证系统有以下要求：

1）正确识别合法用户的概率应极大化。无法识别合法用户而导致整个系统无法正常工作属于重大故障，会给公司造成重大损失。

2）不具备可传递性。用户发送的验证信息经验证通过后，此验证信息在较长一段时间内不可用，以防止第三方截取该验证信息后进行伪装攻击。

3）身份验证的实时性。双方的身份验证必须在较短的时间内完成。如对于 PKE 系统，无钥匙遥控器和汽车车身控制模块之间的验证时间不得超过 1s，否则车主会感觉操作不流畅。

4）通信的有效性。每次身份验证过程数据通信的次数要尽量少，以便减少无钥匙遥控器的功耗和身份认证时间。加密密钥的存储安全要有所保证，以防止第三方窃取密钥，造成信息泄露。

2. 共享汽车如何实现用户认证与匹配

用共享汽车实现用户认证、信息匹配的关键在于无线射频识别（RFID）技术。无线射频识别技术是一种使用无线射频技术实现对象识别和数据交换的技术。它于 20 世纪 90 年代兴起，是继条码技术、生物识别技术后，属于非物理性接触、低成本、低功耗的新兴自动识别技术。它利用射频信号通过空间耦合及反射的传输特性，实现无接触信息传递并自动识别物体。与传统识别方式相比，RFID 技术具有不局限于视线、识别距离远、携带信息量大、抗恶劣环境的能力较强、能同时识别多个被标识的物体以及使用寿命长等优点。

典型的 RFID 系统由电子标签（Electric Tag）、阅读器（Reader）和后端服务器（Database）三者构成。RFID 系统构成示意图如图 6-3 所示。

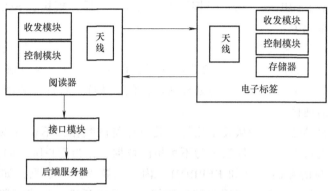

图 6-3　RFID 系统构成示意图

RFID 系统的工作原理是：首先，阅读器通过天线发射预设频率的射频信号，当携带有标签的物体（如智能卡）进入读写器工作区域后，标签的天线接收射频信号，就产生感应电流，从而获得能量被激活；然后，标签将设定的信息代码发送出去，读写器接收到标签的消息之后，对应答信息进行解调、解码，从而读取标签信息；接着，将信息传送给后端服务器；最后，后端服务器执行认证协议的流程，判断该标签的合法性，完成身份认证过程。

（1）**电子标签**　电子标签置于智能卡中，由个人携带或置于要识别的物体上。每个标签具有唯一的电子编码，是 RFID 系统的数据载体。一般的电子标签由标签天线和标签专用芯片组成，天线用于收发无线电波，芯片用于存储数据和操作计算。电子标签具有体积小、容量大、寿命长、可重复使用等特点，可支持快速读写非可视识别、移动识别、多目标识别以及定位与长期跟踪管理。其功能主要包括：

1）具有一定容量，可以存储所附着物品的相关信息。
2）存储并保持物品信息的完整性，并随时将信息传输给阅读器。
3）可以对接收到和发送出去的信息进行简单的计算和处理。
4）具有一定的使用年限，在使用年限内不需要维修。

电子标签分为被动式、半主动式和主动式三种，它们都有不同的电子编码。一般主动式标签是有源标签，被动式标签是无源标签。有源标签有内置电池，使用自身的电池能量将信息发送出去，它的信息调制方式可为调幅、调频或调相方式。无源标签没有内置电池，其工作所需的电源来自读写器发射的电磁场，这种标签利用读卡器端的载波来调制数字信号，使用调制散射方式发送信息。半主动式标签的内置电池只对标签内部供电，但是电池的能量标签并不能为发送的数据提供能源，只有在读卡器的能量场，通过电磁感应方式获得能量将信息发送出去。

电子标签具体由调制器、解调器、天线、电压调节器、逻辑控制单元和存储单元组成。

调制器：调制信息数据，并将信息加载到天线，然后发送出去。

解调器：对收到的信息进行解调，去除载波以获得需要的信号。

天线：接收来自阅读器的信号并把相应的数据发送出去。

电压调节器：把收到的射频信号经大电容储存能量，再经稳压电路转换，为标签提供稳定的工作电压。

逻辑控制单元：将收到的信号译码，并实现逻辑运算功能。

存储单元：包括 EEPROM（带电可擦可编程只读存储器）模块和 ROM 模块。标签中的数据都保存在存储单元中。

（2）阅读器　RFID 阅读器的核心部分是读写器，由控制单元、高频通信模块和天线组成，主要功能是实现对非接触式 IC 卡的数据读写和存储。读写器的控制单元不仅能实现对射频卡的控制，还具有很多其他强大的处理功能，包括认证、数据加解密、数据纠错、出错报警及与后端服务器通信。

电子标签中，存储器可存储从几个比特到几万比特的数据，不仅可以存储永久性数据，还可以存储非永久性数据。永久性数据为不可更改数据，作为用户唯一的身份标识；非永久性数据存储于可重写的存储器（如 EEPROM）内，主要为用户数据，如用户的用车信息，包括使用时间、目的地、车型、离用户较近的停车场及电话等。由读写器发出相关的指令，射频卡可以根据这些指令对卡内数据实时进行相应的读写操作。读写器中的控制模块完成数据接收、译码及执行读写器的命令，读写数据控制，实现数据安全等功能。电子标签分为无源卡与有源卡。有源卡有内置天线和电池；而无源卡只有内置天线，没有电池，工作能量由读写器提供。由于无源卡内没有电池，其尺寸相较有源卡要小且使用寿命长，应用越来越广泛。

（3）后端服务器　后端服务器系统包括接口模块、RFID 系统应用软件和数据库。数据库管理软件系统主要对数据信息进行存储、管理及对射频标签的信息进行读写，它通过中间件与读写器进行通信。接口模块是 RFID 系统中一个独立的系统软件或服务程序，在 RFID 系统中起着中枢的作用，它负责连接 RFID 阅读器和数据管理系统。这种软件安装在服务器中，管理后端服务器的计算资源和存储资源。后端服务器中的数据库存储和管理标签的相关信息，如标签 ID、密码和产品特性等，它把标签的相关数据发送给目标阅读器，与阅读器进行通信。

（4）智能卡　智能卡也称为 IC 卡，由专门的厂商通过专业设备生产，是不可复制的硬件。智能卡是把具有存储、加密及数据处理能力的芯片嵌置于塑料基片之中，由合法用户随身携带，登录时必须将智能卡插入专用的读卡器读取其中的信息，以验证用户的身份。这种认证是基于"你所拥有的东西"的手段，通过智能卡硬件不可复制来保证用户的身份不会被仿冒。基于智能卡的认证方式也可以是种双因素的认证方式，即个人身份识别码（PIN）+智能卡，共享汽车目前的取车方法之一，便是智能卡获得授权打开汽车后，在车载计算机上输入 PIN，才能起动汽车，这样即使 PIN 或智能卡被窃取，用户也不会被冒充。

非接触式智能卡又称为射频卡，是在智能卡内部电路的基础上，采用射频识别技术，增加了射频发射、接收及相关电路。它是 20 世纪 90 年代初发展起来的新技术。射频卡由感应天线、控制芯片及存储单元组成，并完全密封在一张标准 PVC 卡片中，无外露部分。射频卡本身是无源体，当射频卡进入读卡器的读写范围时，读卡器发出的射频信号被卡片接收。射频信号由两部分信号叠加组成：一部分是电源信号，当卡接收后，送入卡内的 LC 谐振电路为芯片工作提供工作电压；另一部分则经解调后，控制芯片完成密码验证、数据的读取及修改存储等，并返回给读卡器。共享汽车用户取车时所使用的卡便为非接触式智能卡，即将电子标签置于用户所持有的非接触式智能卡中，从而实现认证。

共享汽车发展便是充分利用了电子标签（视频识别、RFID）的无线传输、可识别高速运动的物体等功能。从欧美各国的共享汽车来看，普遍使用含有射频识别、传感器、智能芯片等技术的读卡器完成身份认证过程。目前，用户除了采用射频卡完成认证外，还有利用 App 完成认证的方式。一种方式是提车时，用户先到车辆停放位置附近的取钥匙点取钥匙，通过扫描手机上的二维码，钥匙会弹出来，之后即可将车开走。戴姆勒的 Car2Share 项目运用的便是这种方式；另一种方式是用户与车主达成协议后，可直接用手机上的 App 通过鸣笛寻找车辆，找到车辆后，又可以通过 App 打开车门，拧开起动钥匙，便可将车开走。随着电子技术、识别技术的不断进步与发展，用户身份认证的方式也将不断变化。

6.2 共享汽车信息系统

6.2.1 车载信息系统概述

车载信息服务（Vehicle Information Service）即安装在车上的信息平台，该平台通过通信网络提供多样化的信息服务。其功能是给用户提供导航、路况、天气、联网信息及多媒体娱乐，同时，通过无线网络发送数据到服务商的服务系统，主要考虑从用户体验的角度基于现有无线网络和车载应用为汽车提供信息服务。车载信息服务是实现车车通信（Vehicle to Vehicle）、车路通信（Vehicle to Road）的基础，是车联网的一种应用形式。

车载信息系统是一种新型的汽车电子设备，与汽车本身性能并无直接关系。车载信息系统由各种车载智能传感器、车内总线网络、车载计算机、无线通信模块和行驶记录仪等组成，包含了一系列装载在汽车上的硬件系统和软件系统。车载部分的智能传感器实现与车辆相关数据的采集，采集的数据主要为车辆的状态和地理位置信息等。车载计算机本质上是一个嵌入式的计算机系统，为驾驶人提供一个人机界面，负责运行相关的车载软件，通常具备与车内智能传感器进行通信，对传感器中的数据进行接收与处理，以及通过无线网络发送数据到服务商的服务系统等功能。由于汽车的特殊性，汽车信息平台的无线通信大部分使用 3G/4G 网络技术，能够实现汽车与远程服务系统随时随地的通信。随着 5G 技术的发展以及 5G 基站网络的广泛布设，5G 技术也将运用于汽车共享服务。2019 年 4 月 19 日，以"创新、融合、共享"为主题的福州市 5G 产业促进大会在福州海峡国际会展中心召开，大会上展示了 5G 产业的最新技术、产品和应用。东南汽车与中兴、福建移动、福州大学联合试制的 5G 智能远程驾驶样车也于本次展会亮相，将在电影中出现的科幻智能远程驾驶场景搬进了现实。东南 DX3 EV400 运用了 5G 智能远程驾驶技术，操作员在远程驾驶舱进行操作，就可控制车辆驾驶。通过在车辆上安装多个高清摄像头和各类传感器，可以将各类车辆信息和车外环境、视音频信息通过 5G 网络 50Mbit/s 的上传速率传递到远程驾驶台。操作员可以掌控路况和车辆信息，实时操控汽车，下达的驾驶指令也会通过 5G 的超低时延，及时准确地传达到远程的车辆上。随着信号的覆盖，具备超大宽带和超低时延的 5G 网络可帮助实现更远距离的智能驾驶操作。总体来说，车载信息系统集成了现阶段各种先进的车载信息技术，包括导航技术、无线传感技术及自动控制技术等。

在共享汽车体系中，车载终端和服务平台通过 3G 或 Wi-Fi 无线通信技术进行车载信息的交互传输。车载终端将汽车用户信息、CAN 总线数据、图像数据、GPS 定位信息等上传到服务平台，服务平台根据车载终端平台通信协议的格式进行数据解析，提取关键数据，并按照服务中心的数据通信格式重新打包，通过互联网发送到服务中心，服务中心根据数据解析的结果，对车载终端进行远程控制、事故回放等操作。

从计算机领域看，车载信息系统是一个移动的计算平台。汽车早已不是一个孤立的单元，车载信息系统也不再只是车内的独立网络。汽车已经成为世界网络的一个活动节点，并且通过互联网技术，可以使车载信息系统提供更多的相应服务。

从功能上看，车载信息系统可以提供包括车辆导航、通信、移动办公、多媒体娱乐、安防辅助驾驶和远程故障诊断在内的多种类型的服务，并通过网络技术实现联网形成集成化、智能化、全图形化的电子信息服务平台。

从服务对象上看，车载信息系统可以为人、车、社会提供不同层次的服务，具体可以分为四个层次，从低到高依次是车载层、通信层、服务层和客户层，目前发展最成熟、应用最广泛的是通信层和服务层。

(1) **车载层** 车载层是车载信息系统最基本的组成部分，是各种车载设备的集合体。车载设备可分为两种：一种是具备通信功能的设备，如车载监控终端；另一种是不具备通信功能的设备，如车载自主导航。

(2) **通信层** 通信层是将车载层和服务层连接起来的桥梁，它是车载信息系统能够高效运行的重要保证。随着近年来数字移动通信技术的高速发展，传统的数字蜂窝移动通信技术GSM（Global System for Mobile Communications）、通用无线分组业务（General Packet Radio Service，GPRS）技术、移动通信业务技术CDMA（Code Division Multiple Access，码分多址）、第三代移动通信技术（3G）、第四代移动通信技术（4G）和无线网络通信技术（Wi-Fi）。目前广泛使用的是第四代移动通信技术（4G），第五代移动通信技术（5G）也正在建设中，在未来将会实现超高速的网络通信，车载移动通信的网络响应性会更加快速。

车载信息系统必须具备无线通信的能力。目前国内常用的通信方式有GSM/SMS、GPRS、CDMA、3G/4G。

1) GSM/SMS通信方式。GSM作为国际标准化的数字蜂窝电话系统，不仅提供高质量和高保密性的语音业务，而且提供短信息业务（Short Message Service，SMS），以下简称GSM/SMS。GPS中选用SMS通信服务主要是通过GSM短信息业务传输车辆反劫信息、防盗联网报警信息及GPS定位监控信息。GSM把车载GPS的每条消息业务都作为一个单独的事件对待，即短消息的发送和接收是独立的，两者之间不一定存在因果关系，业务消息的传送都通过短消息中心中转。采用GSM的短信息进行GPS业务数据传输，短信息传输延时长，实测监控周期一般在10s以上，有时更长，这对于需要进行实时监控的应用影响很大，因此GSM/SMS实时监控和调度功能相对较弱。同时，由于短信按条收费，对于需要长时间监控的车辆系统，费用较高。

2) GPRS通信方式。一般来说，GPRS在一级城市中的网络覆盖状况较好，而在乡村和高速公路上的覆盖较差，但其网络覆盖状况因各地运营商的建设投资不同而有所不同。GPRS数据传输采用分组数据传输，具有"永远在线"的优点。激活GPRS应用后，将实时保持在线，不存在掉线问题，类似一种无线专线网络。同时，GPRS只有产生通信流量时才计费，是一种面向使用的计费。相比GSM/SMS，GPRS无须以往长时间的拨号建立连接过程。GPRS以统一的方式向各地用户提供具有所有电信业务的国内和国际漫游，语音和数据业务可以切换使用，电话、上网可以同时进行。相比GSM/SMS，GPRS的最高理论传输速

第6章 共享汽车的相关技术

率为 171.2Kbit/s。目前，使用 GPRS 可以支持 GPS 短信息服务达到 40Kbit/s 左右的传输速率。因此，在车载 GPS 中采用 GPRS 的数据传输比 GSM/SMS 方式更能满足实时监控和调度的时效性要求。在现实应用中，甚至可以实现监控周期为 1∶1 的连续实时监控。

3）CDMA 通信方式。CDMA 是在 20 世纪 90 年代中期投入商用的一种移动数字通信技术，利用数字传输方式，采用扩频通信技术，大幅提高频率利用率，具有容量大、覆盖范围广、手机功耗小、话音质量高等突出优点。虽然 CDMA 属于高速发展的通信网络，相比 GPRS 提供 GPS 信息服务，CDMA 的通信费用较高，但低于以短信息来实现 GPS 信息服务的 GSM/SMS。同时，CDMA 的网络覆盖、网络信号仍不太稳定，接通速度介于 GPS 与 GSM/SMS 两种方式之间，因而目前利用 CDMA 网络进行 GPS 无线通信的应用并不太多。

4）3G/4G 通信方式。3G 即第三代移动通信技术，使得车载无线通信的内容不再局限于 GPS 定位信息，而是可以随时随地无线上网和与外界互联。4G 即第四代移动通信技术，使得车内连接服务的连接速率达到前所未有的水平，对提升车内电子邮件访问、网络连接、天气和交通信息更新、视频会议和视频流的使用具有重大意义。它是以 IEEE 802.16I⊖ 的系列宽频无线标准为基础的一项宽带无线接入技术，也为车载信息系统的构建提供了新的技术方法。从功能上，IEEE 802.16I 与 3G 有许多相似之处：IEEE 802.16I 旨在扩大 WLAN 的范围，达到"热区"覆盖，为系统提供包括移动流媒体的视频、移动监控、移动互联网等对带宽要求较高的服务；而 3G 强调地域上的全国服务和全球漫游，提供一种"无处不在"的通信业务。对于车载业务来说，行车在这种"热区"范围，用户就可以享受到 IEEE 802.16I 的宽带服务；而在更偏远的地区，3G 业务的覆盖优势就得以体现。另外，IEEE 802.16I 主要面向宽带数据用户，3G 更注重语音和低速率数据业务的普遍服务。未来 5G 技术的普及，将以更加高速、稳定的方式实现车载无线通信。

(3) **服务层** 服务层是将人、车、社会的服务提供给最终用户并且能为其制定相应解决方案的提供层。它结合各运营商提供的针对不同用户需求的车载产品和数据通信网络，为用户提供有针对性的特色个性服务。

(4) **客户层** 客户层是车载信息系统必不可少的组成部分，是车载信息系统的最终服务对象。

6.2.2 车载信息系统的组成

车载信息系统的主要功能如图 6-4 所示，包括车载导航和信息查询与播报的功能、多传感器安全监控功能、联动报警功能、车辆行驶状态数据记录与回放功能、多媒体采集播放功能、专用网无线数据通信功能、车载通信和互联网接入功能以及实时公用信息数据接收与处理功能。

根据功能，车载信息系统由车载信息中心、车载导航模块、车载无线通信模块、安全报警模块、多媒体播放模块、地理信息系统模块、语音识别模块、数据采集模块和行车状态记录模块九大模块组成，如图 6-5 所示。

(1) **车载信息中心** 车载信息中心是车载信息系统的中枢和整个系统后台管理控制的中心，负责各子模块信息的接收、处理、传递、管理、协调、显示及人机交互等。车载信息

⊖ 在用户站点和核心网络，如公共电话网和 Internet 之间提供通信路径而定义的无线服务。

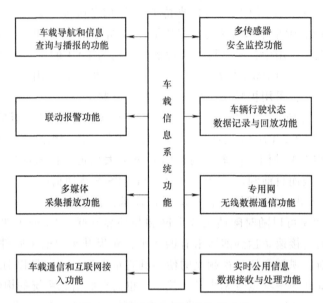

图 6-4 车载信息系统的主要功能

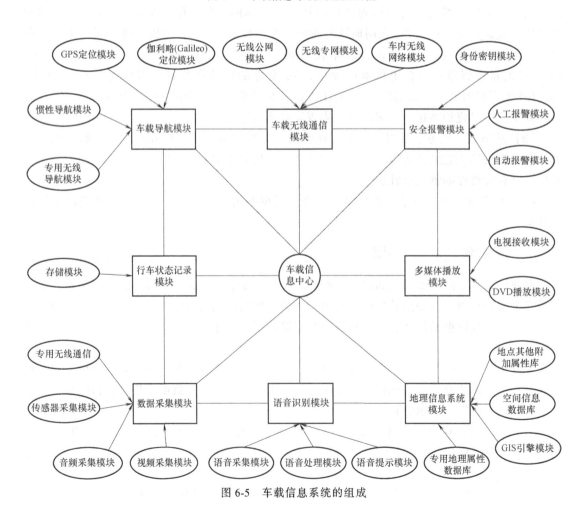

图 6-5 车载信息系统的组成

中心对各子模块传递过来的信息进行分析判断或转发，并发出指令让对应的子模块执行。

（2）**车载导航模块** 车载导航模块为用户提供及时准确的导航定位信息，同时，它还将车载定位数据传递给行车状态记录模块，作为行车信息记录之一进行保存。车载导航模块可以是多种导航模块的组合，如 GPS 定位模块、伽利略（Galileo）定位模块、惯性导航模块等。由于汽车行驶所面临的道路非常复杂，未来的智能交通为了使系统和驾驶人可以获得更多的导航和路况信息，车载导航模块还可能有支持车载信息系统接口的采集及收发信息中心发布的导航和路况信息的专用无线导航模块。导航可以依据一定的规则，判断哪个导航模块的数据更加准确，从而决定采用哪个模块信息或综合各模块信息解算出车辆的地理位置等数据，并实时将这些数据通过通信链路分别传给车载无线通信模块、行车状态记录模块和车载信息中心等。另外，就智能交通而言，车载导航模块在技术层面上还必须具有足够的定位精度和较高的视听要求。

（3）**车载无线通信模块** 车载无线通信模块包括无线公网模块、无线专网模块和车内无线网络模块。其中，无线公网模块与外界公共网络互联，实现信息的交互，如无线互联网、移动通信网络等；无线专网模块属于智能交通范畴，是交管信息管理中心、车辆管理部门专用的无线网络；车内无线网络模块可实现车内无线设备的互联。

车载无线通信模块将获得的信息传给车载信息中心，由其根据信息内容做出相应处理，如是否进行语音提示、信息发布等。车载无线通信模块还接收来自安全报警模块的报警信息，并将该信息及时发送给相关部门。

（4）**安全报警模块** 安全报警模块的功能为接收车载信息中心的信息，启动报警模块，传递报警信息到车载无线通信模块。报警模式分为人工报警和自动报警两种。其中，自动报警采用事件触发方式，车载信息中心依据车辆的安全情况自动触发报警装置；人工报警则是由车内人员在特殊情况下手动触发报警。此外，安全报警模块还包括身份密钥模块，进一步保证车辆安全。

（5）**多媒体播放模块** 多媒体播放模块能够满足人们对汽车的娱乐性、舒适性要求，可进行 TV、DVD 等媒体的播放。多媒体终端显示器可以有多个，也可以在单一显示器上实现多功能复用。

（6）**地理信息系统模块** 地理信息系统模块提供完善的地理空间数据，为车辆安全、高效行驶提供了良好的保证。它包括 GIS 引擎模块、空间信息数据库、地点其他附加属性库和特殊用户的专用地理属性数据库。它通过多媒体终端设备显示，并将地理信息传到语音识别模块。

（7）**语音识别模块** 语音识别模块能将人机交互方面的工作量减到最小，它被允许直接与数据库进行交互，使驾驶人能更迅速地获取信息。

（8）**数据采集模块** 数据采集模块通过传感器采集数据，使车载信息中心随时掌握车内状况以进行处理，如依据温度情况调整汽车空调等。该模块还对车辆环境一定范围内的视频音频进行采集，传给行车状态记录模块或相关部门。

（9）**行车状态记录模块** 行车状态记录模块记录车辆行车状态的数据库和汽车行驶的"黑匣子"，主要负责接收和存储车辆行驶状态的各种数据。

车载信息系统的硬件组成框图，如图 6-6 所示。

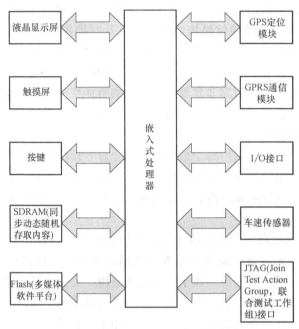

图 6-6 车载信息系统的硬件组成框图

6.2.3 车载信息系统的应用平台及操作系统

1. 车载信息系统的软件部分

通常车载信息系统是汽车的嵌入式 Linux 操作系统，根据系统功能和用户使用需求，其组成见表 6-1。

表 6-1 车载信息系统的组成

基于 QT/FLASH 的图形用户界面	
系统应用程序	嵌入式 Linux 操作系统
文件系统	
系统内核	
驱动程序	
Boot Loader	
S3C2410 硬件平台	

Linux 操作系统内核通过设备驱动程序与机器硬件进行交互。设备驱动程序是一组数据结构和函数，它们通过定义的接口控制一个或多个设备。在嵌入式 Linux 操作系统中，设备驱动程序为应用程序屏蔽了硬件的细节，对各种不同设备提供接口，应用程序可以像操作普通文件一样对硬件设备进行操作。嵌入式 Linux 支持三种类型的硬件设备：字符设备（Char Device）、块设备（Block Device）和网络设备（Network Device）。

(1) **字符设备** 字符设备是指以串行顺序依次进行访问的设备，如触摸屏、磁带驱动器、鼠标等。字符设备不需要经过系统的缓冲而直接读/写。

(2) **块设备** 块设备接口支持面向块的 I/O 操作，如硬盘、软驱等，利用数据缓冲区对数据进行处理。所有 I/O 操作都能通过在内核地址空间中的 I/O 缓冲区进行，提供随机存取的功能。

(3) **网络设备** 网络设备是完成用户数据包在网络媒介上发送和接收的设备。它将上层协议传递下来的数据包以特定的媒介访问控制方式进行发送，并将接收到的数据包传递给上层协议。与字符设备和块设备不同，网络设备并不对应/dev 目录下的文件，应用程序最终使用套接字（Socket）完成与网络设备的接口。

Linux 设备驱动程序由以下三个部分组成：自动配置和初始化子程序、服务于 I/O 请求的子程序（驱动程序的上半部）以及中断服务子程序（驱动程序的下半部）。

文件系统是操作系统的一部分，是重要的系统软件。简单地讲，文件系统是用于明确磁盘或分区上文件的方法和数据结构，即在磁盘上组织文件的方法。文件系统的存在使得数据可以被有效而透明地存取访问。Linux 操作系统由文件和目录组成。Linux 下的文件系统主要可分为三大块：一是上层文件系统的系统调用（Open、Read、Write 等）；二是虚拟文件系统（Virtual File System，VFS）；三是挂载到 VFS 的各种实际的文件系统，如 JFFS2 等。VFS 是物理文件系统与服务之间的一个接口层，它对每一个 Linux 文件系统的所有细节进行抽象，使得不同的文件系统在 Linux 核心及系统中运行的进程都是相同的，当涉及文件系统的操作时，VFS 把它们映射到与控制文件、目录及节点（Mode）相关的物理文件系统。

Boot Loader 是系统加电后运行的代码，一般只在系统启动时运行非常短的时间。在 PC（Personal Computer）中，引导加载程序由 BIOS（Basic Input Output System，基本输入输出系统）和位于硬盘 MBR（Master Boot Record，硬盘的第一个扇区）中的操作系统引导加载程序（如 GRUB. LILO）组成。在嵌入式系统中，没有 BIOS 固件程序，由类似功能的软件 Boot Loader 来初始化系统硬件设备、建立内存空间的映射图，从而使系统的软硬件环境达到一个合适的状态，为最终调用嵌入式 Linux 操作系统内核或用户应用程序准备良好的环境。

2. 车载信息系统的应用软件平台

(1) **嵌入式 Linux 应用程序** 车载信息系统在程序开始时开辟一个主程序（也称为父进程）来建立程序运行的环境，包括为各进程之间通信所创建的共享内存区间及各个进程对应的消息队列。Task GUI 进程负责相应用户的操作，并显示用户想要查看的信息；Task GPS 进程负责从 GPS 接收机中读取 GPS 导航定位数据，并交由 Task GUI 进程显示；Task GPRS 进程负责和远程监控中心进行无线数据通信，实现车载信息向监控终端的发送和远程终端对车辆的控制等；Task CAN 进程负责 ARM 处理器和 CAN 总线的通信，获取车辆实时工作参数及各种数据；Task SQLITE 负责添加或存储实时工况信息。

Linux 操作系统使用一种称为"进程调度"的手段：首先为每个进程指派一定的运行时间（几毫秒），然后依照某种规则，从众多进程中挑出一个投入运行，或达到所指派的运行时间或因为其他原因暂停；之后 Linux 重新调度，运行下一个进程。在 Linux 操作系统中，每个进程在创建时都会被分配一个数据结构，称为进程控制块（Processes Control Block，PCB）。PCB 中包含了很多重要的信息，供系统调度和进程本身执行使用。其中最重要的是进程标志符（Processes ID，PID）。PID 在 Linux 操作系统中唯一地标志了一个进程。系统中的所有 PCB 通过进程表的链表结构全部联系起来。

(2) **GPS 模块软件** GPS 接收定位原理是利用测距交会原理确定点的位置。GPS 接收模块只要接收到3颗以上卫星发出的信号,瞬间就可以算出被测载体的运动状态。系统复位初始化后,GPS模块连续接收卫星信号(如经度、纬度、时间等)并将数据传送到主控芯片,通过程序按协议的规定将信息从数据流中提取出来,并将其转化成有实际意义的导航定位信息。主控模块将这些位置信息在液晶显示屏上显示出来,车主通过车载信息系统显示屏就可获知当前所在的地理位置。同时,这些位置信息可以通过GPRS模块发送到远程监控中心进行分析处理。

(3) **无线通信模块软件** 无线通信模块软件的主要功能是建立无线连接,按照通信协议传输数据。

3. 系统软件显示界面

嵌入式 GUI(Graphical User Interface,图形用户接口)不同于桌面机系统,它要求简单、直观、可靠,占用资源少且反应迅速,以适应系统硬件资源有限的条件。

一般来说,车载系统的嵌入式 GUI 从用户角度考虑:根据功能特性与显示屏幕的大小来决定页面的显示内容。如果采用 3.5in⊖ 小屏幕,页面元素要求尽可能简单,多用文本形式来表示内容,如果采用 5in 以上的大屏幕,页面就可以放置更多内容;同时,可以多用图标等可视化效果带来良好的视觉舒适感,将主要工况信息、工作模式、系统时间、报警信息等内容直接在主界面显示,而参数修改、系统设置、故障查询、专家诊断等内容则在子菜单中显示。

6.2.4 共享汽车信息管理系统

共享汽车信息管理系统是汽车共享系统的核心,对系统实施指挥、调度和综合管理,具有"人、车辆、车站、道路"一体化的智能化监控、调度、管理及信息服务功能。该系统主要由六大模块组成,包括公司车辆租赁模块、私车加盟共享模块、拼车模块、充电管理模块、车辆管理模块和计费收费模块。其中,前三大模块分别对应三大功能主体,共同服务于消费者共享或租赁汽车,在用户端显示,供消费者选择使用;后三大模块在后台显示,供系统管理人员使用。共享汽车信息管理系统的模块构成如图6-7所示。

各模块主要实现以下功能:

(1) **公司车辆租赁模块** 对公司租赁的车辆进行管理,包括车辆预约、车辆远程监控、车辆计费、车辆充电及车辆返还等。

(2) **私车加盟共享模块** 对私车加盟租赁共享系统进行管理,包括私车注册、私车预约、私车远程监控、私车计费、私车充电及车辆返还等。

(3) **拼车模块** 对拼车用户所使用车辆进行管理,包括用户注册、用户拼车预约及用户拼车计费等。

(4) **充电管理模块** 对所有共享汽车的充电状态进行监控,并提供相关充电设施信息、提供充电预约、充电时间管理等功能。

(5) **车辆管理模块** 将车辆内的所有使用情况及道路上的各种情况实时反馈到后台运营中心管理系统,具有车辆锁定、车辆信息反馈及车辆导航等功能。

(6) **计费收费模块** 提供车辆的计费方法、计费原则及计时收费等功能。

⊖ 1in = 0.0254m。

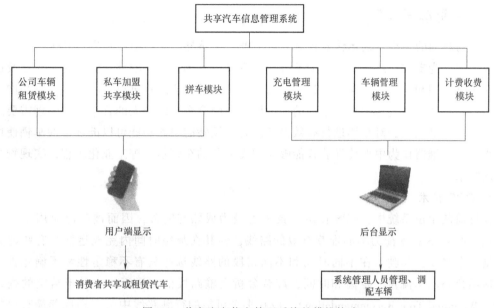

图 6-7 共享汽车信息管理系统的模块构成

用户通过手机 App 或者浏览器访问两种方式访问公共信息平台，进行用车。

1）手机 App：用户安装共享汽车管理系统的专用客户端，通过手机来完成车辆预订、车辆信息查询、附近停车场位置预报功能，同时可通过扫描二维码解锁和使用车辆，以及查询用户的账户个人资料、资金变动等信息。

2）浏览器访问：用户也可通过浏览器访问共享租赁管理系统，注册后进行登录，其功能基本与手机 App 客户端相同。

共享汽车信息管理系统运营的支撑硬件和技术包括 IC（智能卡）、无线射频识别（RFID）技术、GIS/GPS 定位导航及远程监控系统等。如果进行电动汽车共享租赁，需同时配备充电网络和电池回收网络。IC（智能卡）存储用户个性化的秘密信息，并在验证服务器中也存放该秘密信息。进行认证时，用户输入个人身份识别码（Personal Identification Number，PIN），智能卡认证 PIN 成功后，即可读出智能卡中的秘密信息，进而利用该秘密信息与主机之间进行认证。用户网上预订租车后，租赁公司将车辆位置等信息发送给用户，智能卡得到开启预订车辆的授权。

6.3 共享汽车监控系统

共享汽车监控系统是融合了全球卫星定位系统（Global Positioning System，GPS）、地理信息系统（Geographic Information System，GIS）、全球移动通信系统（Global System for Mobile communications，GSM）及计算机数据处理技术和现代数据通信技术，可对车辆实行全天候卫星定位、电子地图显示和车辆实时监控等的电子信息系统。车载监控系统由车载终端、传输网络和监控中心组成，提供车辆防盗、反劫、行驶路线监控、车内车外视频图像实时无线传输、事故快速响应、呼叫指挥等功能，以解决现有车辆的动态管理问题。在共享汽车模式下，出于对私家车的安全性考虑，监控体系的建设显得尤为重要。

6.3.1 车辆监控技术

基于物联网的工程车辆运输监控系统以 GPS、传感器、无线射频识别（RFID）、无线网络传输等技术为支撑，以实时数据为基础，实现共享汽车在途运输环节的实时监控以及运输信息的实时管理和维护，能够对工程车辆的统一调度及安全运行进行实时监控。物联网共享汽车运输监控系统通过运用数据通信的局域网，在结合企业或个人的日常生产管理需要及运输管理需要的基础上，对车辆进行有效监控。正、反转的检测功能可以准确掌握车辆使用状况。将无线中继器作为中枢传导装置能够实现无人化的车辆填土等工业化工程，实现物与物之间的联系。

1. GPS 技术

在目前的定位系统中，GPS 在定位技术上最为成熟与完善，因而被广泛应用于车辆定位。现有的 GPS 技术能为车辆推荐有效的路线，使其在最短时间内完成运输。有些地方交通网络复杂多变，驾驶人在不同时间和不同路段的路线选择具有不稳定性和不确定性。因此，应结合路段车流量、距离和时间，综合分析运输路段的交通行为；对于给定的查询点 WTR（Weighted Tree Recommendation），应在多个可能的行驶路线中为车辆推荐最有效的完整路线，为驾驶人推荐最佳路线，使其能以最短路径完成任务，提高运输效率，节约运输成本。

2. 无线射频识别（RFID）技术

在互联网的应用中，无线射频识别（RFID）技术的应用范围越来越广泛，在识别技术领域发挥着重要的作用，能够快速对多个目标进行扫描，安全性高。因此，RFID 技术开始广泛应用于停车场管理、物流运输、车辆定位等多个领域。RFID 系统中针对不同用户需求而开发的应用软件，能够有效控制读卡器读取标签数据信息，并且对采集到的数据进行统计、处理及保存，从而实现用户所需功能。车载信息管理系统在 RFID 技术的基础上，当携带 RFID 卡的车辆通过进出口时，利用进出口的读卡设备将电磁波与电子标签进行数据通信，读卡器在识别范围内发出查询信号，RFID 卡将自身携带的数据传递给读卡器设备，读卡器进行解码，最终将数据上传至服务中心端，服务中心端保存相应的操作和数据信息，设备端自动完成小票打印操作。

3. 图片压缩与视频采集技术

在物联网应用框架下，在低频区完成扫描、重新组织、编码等过程，完成 JPEG 图像压缩全程处理，形成了具有中、高端比特率，画质良好，符合国际标准的 JPEG 图像。在运输起点、运输途中、运输终点放置监控摄像头实现抓拍和记录信息功能，对图像进行压缩，存储到云端，并通过 Socket 网络编程传输码流数据。服务器端在调度车辆时，通过系统界面显示车辆的实时位置，并调用移动端接口将位置信息回传到手机 App。其中，手机 App 与服务器端连接采用 4G/5G 或 Wi-Fi 的途径，运用 TCP/IP 和 Socket 网络编程实现通信。

6.3.2 共享汽车监控系统的构成

共享汽车监控系统主要由共享汽车车载设备、数据传输网络（GPRS）、监控中心和手持设备四个部分构成。

1. 共享汽车车载设备

共享汽车车载设备主要由主控制模块和功能模块组成。主控制模块包括中央控制器（MCPU）和整个装置的电源电路；功能模块包括安装在车内的通信模块、GPS 定位模块、信号采集模块、数据存储模块、车载视频监控设备、模块等设备。

（1）**中央控制器** 共享汽车车载设备中各模块之间的信息交互和传递以及整个装置的开启和关闭都需要一个控制单元来处理。Arduino⊖ 能够使用开发完成的电子元件，同时，它也可以成为独立与软件沟通的平台，可简单地与传感器、各式各样的电子元件连接。因此，中央控制器选择 Arduino 系列芯片，负责数据的采集、存储和传输。

（2）**通信模块** 在共享汽车抵达检查点或在行驶途中遇到客运管理人员用手持设备进行巡检时，需要将存储于共享汽车车载设备中的共享汽车处于盲区的地理位置坐标及时间等有效信息进行上传。因此，在共享汽车车载设备与网点标识器和手持设备之间，通过 GPRS 网络进行数据的无线交换。

（3）**GPS 定位模块** 当监控中心对共享汽车在行驶途中有无违规驾驶等行为进行分析处理时，共享汽车为了使记录的违规信息更加完整，一般会在车载设备内设置 GPS 定位模块。在车门开启时，GPS 定位模块负责记录相应的开关门地点的地理位置坐标，而且 GPS 定位模块还可以记录共享汽车的行车轨迹和行驶速度，并通过 GPRS 网络实时上传所记录的信息，使作弊信息及车辆状况的记录信息更加全面与系统化。

（4）**信号采集模块** 在共享汽车的行驶过程中，为了防止中途增加乘车人数，交通管理部门需要对共享汽车进行监控，如发生违规现象，将对共享汽车驾驶人做出惩罚。信号采集模块的功能就是对车门的开关状态进行即时检测，为了实现系统中防驾驶人作弊和防人为破坏功能，信号采集模块选用多个传感器共同工作，并选择合适的位置安装，只要其中任一传感器感应到车门开启，信号采集模块就能采集到并把作弊信号传给控制单元模块。信号采集模块的硬件设计主要包括传感器设备和信号调理设备。

（5）**数据存储模块** 当共享汽车到达检查站或者遇到手持巡检设备时，通过 GPRS 网络上传所有信息给工作人员进行检查。在接受检查之前，信号采集模块和 GPS 定位模块实时采集到的信息都要先储存在专门的数据存储模块中，需要时再从数据存储模块中往外读取。为防止意外发生，如电压超过芯片的最大额定值导致芯片受损，引起储存数据丢失，需要在设计过程中考虑添加输入保护电路等。

（6）**车载视频监控设备** 共享汽车车载设备通过控制端口与车载视频监控设备相连。在共享汽车行驶过程中，如果车辆车载设备检测到车辆有作弊行为，将会通过端口给监控设备发送信号，视频监控设备就会及时记录车内的视频信息并发出语音报警，以此作为车辆综合评定的依据。

2. 数据传输网络（GPRS）

由于车载设备中所存储的车辆相关作弊数据是实时上传的，这就需要装置配备数据存储模块来实现信息储存功能。当共享汽车运行到检查站，数据发送模块通过 GPRS 网络技术将存储的信息上传到监控中心的管理系统。

⊖ Arduino 是开源电子原型平台，包含硬件和软件。它构建于开放原始码 simple I/O 界面板，并且具有使用类似 Java、C 语言的 Processing/Wiring 开发环境。

3. 监控中心

监控中心安装有服务器和监控管理计算机。服务器的主要功能是接收共享汽车车载设备传回的视频和音频数据，并且自动将录像文件保存在服务器硬盘中。监控管理计算机的主要功能是让监控人员及时了解共享汽车的动态，对共享汽车的使用进行监控，并对数据进行处理和显示。

4. 手持设备

手持设备作为共享汽车监控中心的补充与辅助，能使巡检人员方便、快速了解共享汽车在其运行途中是否违规停车。车辆巡检手持 App 可以与车辆进行通信，如车辆运行过程中的开门次数、开门时间以及开门的经纬度所代表的相应位置，并将这些信息显示于手持设备界面，方便巡检人员的检查。

传统的基于 Web GIS 技术的监控平台基本架构分为六个部分：Web 浏览器、GIS 应用软件、GIS 服务代理、GIS 应用服务器、Web 服务器和数据库服务器。结合 Java 平台企业版 (Java 2 Platform Enterprise Edition，J2EE) 的体系框架设计了一个分布式的多层体系结构监控系统。基于 J2EE 体系结构的分布式 Web GIS 平台实现了 Web GIS 的应用层可移植性功能。Web 应用服务器与浏览器之间通过 HTTP 通信。GIS 应用服务器与 Web 服务器利用标准 J2EE 的容器（包含 EJB 容器与 Web 容器）GIS 的组件进行注册、查找、调用、唤醒与销毁，可以在三层业务逻辑中对分布式 Web GIS 进行扩展。这三层业务逻辑分别是客户层、应用服务层与数据服务层，其中应用服务层主要包括 GIS 应用服务层与 Web 应用服务层。因此，共享汽车监控系统可分为客户层、Web 应用服务层、GIS 应用服务层与数据服务层这四层应用体系结构。

（1）**客户层** 客户层为客户端的用户提供了操作方便的图形化界面，它是 Web GIS 数据在客户端的展现形式。其中有各种 GIS 数据的展示，如地图的放大、缩小与漫游等功能的各项基本操作。同时也能够对 GIS 的空间查询进行简单的分析，并且可以通过 Web 应用服务器直接或者间接与 GIS 应用服务器进行通信，并完成 GIS 空间复杂的查询分析等操作。

客户层的主要功能是通过浏览器实现的。在 Web 浏览器中，空间数据库的表现有两种形式：矢量格式与栅格格式。对于一般浏览器，只可以对 JPG、GIF 等格式的栅格数据进行显示，如果要展示矢量数据，就需要在 Web 浏览器中安装相应的插件，例如 Java Applet 等插件。因此，在此可以按照不同浏览器所发布的不同格式的数据，把客户端分成基于 Java 运行环境的 Web 浏览器的客户端和普通的 Web 浏览器客户端来进行分析。

首先对普通 Web 浏览器的客户端进行研究，这类客户端通过图片的方式发布空间地图数据。它的实现方式是，首先客户端发送请求给 Web 服务器，然后 Web 服务器通过 Java Servlet 或 JSP 接收客户端请求，根据请求与 GIS 应用服务器进行通信，GIS 应用服务器检索出客户所需要的空间地图数据并生成 GIF 或者 JPG 格式的图片，再由 Web 服务器把这些图片传给 Web 浏览器进行展示。简单的地理空间分析与操作都可以由 Web 服务器中的 Java Servlet 或者 JSP 脚本来响应完成，其他较复杂的空间地理分析操作则交由 GIS 应用服务器进行处理。

（2）**Web 应用服务层** Web 应用服务层的主要作用是缓存与代理，包括两个 Web 应用顶端服务层模式，即其中一个服务器放置在局域网的内部，此服务器能够为局域网内多台客户机提供应用服务；另一个是 Web 服务器，它的主要功能是存储应用所需要的各类静态数据与 Java Applet 程序，为访问本地资源提供平台。此外，Web 应用服务层还负责 GIS 应用服务器处理客户端的通信请求，完成会话管理、日志管理、状态管理以及服务器端的脚本管理功能。

实现 Web 应用层主要是通过 Web 服务器来提供所需的 Web 服务。现在常用的 Web 服务器主要有微软公司的 IIS 应用服务器、Apache 软件基金会的 Tomcat 服务器和 BEA 的 Web Logic Server 服务器等。

（3）**GIS 应用服务层**　GIS 应用服务层是 Web GIS 的最核心层，它一般分为 GIS 的应用服务与分布式服务两部分。GIS 的应用服务主要负责 GIS 的业务逻辑完成，其中包含数据的格式转换服务、GIS 地图空间分析查询服务、投影转换与数据获取服务；分布式应用服务包含注册服务、目录服务、安全服务和事件服务。

GIS 应用服务层连接了客户层、数据服务层与 Web 应用服务层，在该层需要对所有业务逻辑进行处理，整个系统的所有数据库相关操作都会在此层中完成，因而 GIS 应用服务层是整个分布式 Web GIS 应用的核心，主要是实现 GIS 的应用服务，如对数据进行格式转换、数据获取服务、GIS 地图空间分析查询服务及投影转换服务等。

Web 服务器先向 GIS 应用服务器发送请求，经过与数据库连接后进行数据处理，将处理完的结果返回至 Web 应用服务层，该层再将这些数据信息传送给客户端。在与数据库进行信息交互时，若查询地图空间数据可直接使用传统 SQL 语句和数据库进行数据交互；若查询属性数据，可利用 EJB（JavaBean 企业）容器与 JDBC（Java 数据库连接）组件和数据库进行数据交互。在分布式 Web GIS 应用中，由于地图空间数据是异构的、分布的和多平台的，使用 GIS 应用服务器可以给客户端的空间数据存储方式与位置提供透明的、统一的服务。

（4）**数据服务层**　数据服务层中主要存储所有的地图空间数据，地图空间数据主要来自导航地图数据插件，能够为 GIS 应用服务层所需要的数据提供服务，其中包括地图空间数据库的增删改查功能。对于分布式 Web GIS 应用而言，用户通过客户端某个时刻向数据库请求的空间数据是固定的，相比庞大的空间数据是局部的。因此，如何实时获取用户在某个时刻所请求的数据是分布式 Web GIS 应用能够实现的关键。由此可知，要对海量的空间数据建立索引，这是整个数据层的核心。常用的关系型数据库种类有很多，主要有 Oracle、SQL Server 与 DB2 等。

6.3.3　共享汽车监控功能的实现

1. 车载 GPS 终端功能

GIS/GPS 技术可对车辆提供导航帮助，同时帮助远程监控系统实现定位功能。中央服务器可对远程监控终端数据进行处理分析，实时监控共享汽车运行状态，可远程解锁、远程停车等。在机场、学校等人流集散地和居民密居地建设租赁站，租赁站同时具有汽车日常检测维护及能源供给、车辆存放和办理租车等功能。实现电动汽车共享，需要在立体停车库、公共场所停车场、小区停车场建设充电设施，并把充电设施联网，将充电设施信息输入 GIS 电子地图，以保证共享的电动汽车能及时充电。建立动力电池回收网络，可对电动汽车的电池进行回收利用，实现电池梯次利用，降低动力电池成本，减少环境污染。

车载 GPS 终端最核心的功能是接收和发送 GPS 定位信息。为了对共享汽车行驶提供更安全有效的管理，以及配合监控中心进行调度、防盗反劫、报警等方面的管理，车载 GPS 终端必须具有以下功能：

（1）**定位信息的发送功能**　GPS 接收机实时定位，并将定位信息通过电台发给监控中心。

（2）**数据显示功能**　将车辆的实时位置在显示单元上显示出来，如经度、纬度、速度、航向。

（3）**调度命令的接收功能**　接收监控中心发来的调度指挥命令，在显示单元上显示或发出语音。

（4）**报警功能**　一旦出现紧急情况，驾驶人启动报警装置，监控中心会立即显示出车辆情况、出事地点、车辆人员等信息。

汽车共享模式下，驾驶人通过人机对话界面（键盘与液晶显示屏）与共享租赁公司的监控中心进行通信联系。监控中心通过管理计算机将各种指令直接发送至车载 GPS 终端的液晶显示屏上，驾驶人可通过按键的输入将各种信息反馈到调度中心。车载 GPS 终端的结构如图 6-8 所示。同时，监控中心可通过监测电路检测车辆的各种状态和来自报警接口的报警信号，监测电路的多少将根据用户的监测要求而定；通过控制电路完成监控中心对车辆的各种控制命令，如起动监听、切断汽车的电路和油路以及进行声光报警等，这在车辆被挟持、盗窃时可有效发挥作用。值得一提的是，为防止汽车电源被切断后盗走汽车，车载 GPS 终端可以使用后备电源以备不测，如主电源断电后，车载单元即向中心报警，同时后备电源可维持一定的工作时间继续工作。

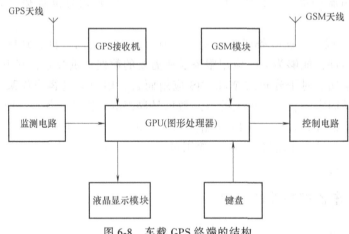

图 6-8　车载 GPS 终端的结构

2. 监控中心功能

监控中心的核心是监控管理软件，主要满足用户的防盗反劫、生产调度、行政指挥、车辆管理及电子导航等功能需求。

（1）**车辆定位查询功能**　监控中心根据需要可随时了解系统内所有车辆的实时位置，并能在中心的电子地图上准确地显示车辆当时的状态（如速度、运行方向等信息），可对任意指定区域的车辆进行查询，可进行同屏多窗口显示监控，或将目标锁定在某窗口、自动跟踪等。

（2）**报警功能**　监控中心收到车载终端发来的报警信号（如主动紧急报警、非法破坏报警、非法入侵报警、非法移动报警等），系统进行自动分类处理，以声、光方式提示指挥人员。报警的车辆在地图上以醒目方式显示报警状态和报警地点，并将报警目标的监视级别提升，同时自动记录轨迹、自动录音。指挥人员可根据报警情况及警力分布，用短消息或语音方式进行指挥调度和警情处理。

（3）**实时调度功能** 监控中心可随时采取有效措施，利用短消息或语音对系统内的车辆进行合理调度。

（4）**遥控功能** 监控中心可远程对车辆实施开闭车门、设定撤销防盗监听和报警状态以及切断汽车油路或电路等操作。

（5）**全国自动漫游监控** 监控中心在全国 GSM（全球移动通信系统）覆盖范围内都可以对车辆实施监控。

（6）**双向数据传输功能** 利用短消息功能，实现监控中心与车载 GPS 终端双向数据传输功能。

（7）**监控范围设置** 监控中心的监控范围为通信系统信号覆盖区域，并可按照用户的具体要求实行分区监控，设置分区监控中心。

（8）**电子地图管理** 电子地图采用矢量地图，可无级缩放和任意移动，可对各种地图对象进行编辑修改，可根据需要分层显示。

（9）**数据库管理** 监控中心可对地理信息、目标信息、用户档案信息等多种数据库进行有效的管理和维护。

（10）**轨迹存储回放功能** 监控中心可存储监控目标的轨迹等多项参数，并可根据需要回放。

共享汽车在行驶时，具有接收定位信号，接收管理信息，发送本车状态信息以及进行安全服务请求等功能，这些功能主要依托于车载功能实现。依据车载信息系统所发送的信息，管理中心可获知当前汽车的使用状态、位置等。用户在网上发布预订信息后，平台可根据用户需求，自动匹配合适车辆，并将车辆的具体位置信息发送给用户，同时用户获得打开目标车辆的授权，可实现自助取车。

在自助驾驶期间，共享汽车通过 GIS/GPS 进行定位，同时搜寻规划目的地最佳行驶路线。车内计算机甚至可通过与远程服务系统通信，获取目标路段的拥挤程度信息，对各个地点交通情况进行实时了解，从而最大限度地规划合理路线，帮助用户节省时间。行驶期间，车载智能传感器采集车辆的状态信息和位置信息，并将这些信息上传至远程服务系统，以便于用户了解共享汽车的当前状态、位置，管理共享汽车。

共享汽车上路时，会要求车内行驶记录仪真实、准确地反映车辆运行中的实际状况，记录相关的监控数据。公司管理中心结合实时电子地理信息系统，随时确定车辆的地理位置，进行调度管理。同时安装语音报警系统，当驾驶人超速驾驶或者疲劳行驶时，会发出报警声，提示驾驶人减速，督促驾驶人安全行车，起到防止和减少交通事故的作用。安装行驶记录仪也可督促驾驶人在行驶中保持车辆中速行驶，对延长车辆使用寿命、节约燃料、减轻轮胎损耗等都起到重要作用，可减少共享公司经营管理成本。若汽车在共享租赁期间发生交通事故，可通过调取行驶记录仪中的数据，将责任明确到个人，合理划分责任。

车辆监控系统是基于 Web GIS 技术设计的监控系统，它由 Web 应用服务器、监控终端、数据库服务器与 GIS 应用服务器四个部分组成。车辆监控系统主要负责对各类信息分析处理：一方面，从车载数据终端接收其发送的数据写入数据库，再通过 GIS 应用服务器进行解析并显示在监控终端上，从而对车辆进行管理和可视化监控；另一方面，监控终端通过 Web 应用服务器发送命令给车载数据终端，实现对车辆合理的调度。车辆监控系统的功能框架如图 6-9 所示。

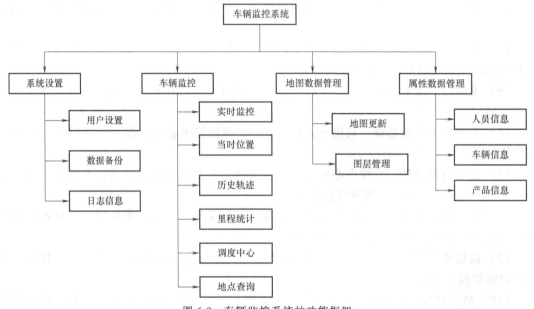

图 6-9　车辆监控系统的功能框架

系统设置模块主要负责设置用户的权限、系统的运行、查询和维护系统的操作日志。该模块包括用户设置、数据备份以及日志信息三个子模块。车辆监控模块的主要功能是定位与调度车辆、查询车辆的地理位置。该模块包括实时监控、当前位置、里程统计、历史轨迹、调度中心与地点查询五个子模块。地理数据管理模块的主要功能是维护与管理地图服务器，使其可以进行对电子地图的放大、缩小、更新、测距与漫游等操作，该模块包括图层管理与地图更新两个模块。属性数据管理模块的主要功能是维护与管理数据库服务器，它能确保数据的准确性与完整性，该模块包括人员信息、车辆信息与产品信息三个子模块。结合 J2EE 标准创建一个分布式监控系统的实质是采用 J2EE 体系框架来设计多层分布式体系结构的应用。

3. 车辆报警功能

车辆报警功能模块主要的功能有报警信息查看、报警信息删除、报警信息检索、报警车辆定位和报警信息实时监控。车辆报警信息的功能模块如图 6-10 所示。

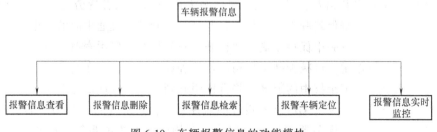

图 6-10　车辆报警信息的功能模块

4．车辆调度管理功能

车辆的调度管理功能主要是显示范围内的车辆、查看最近的车辆以及显示车辆的导航线路等。车辆调度管理的功能模块如图 6-11 所示。

图 6-11　车辆调度管理的功能模块

6.3.4　对接交警信息系统平台

交警信息系统平台是共享汽车监控系统平台的核心，其主要功能是针对交通信息的收集、处理及应用。交警信息系统平台在信息技术、人工智能技术、计算机技术等快速发展的背景下，通过采用先进的技术，对道路网络等交通资源进行更有效的控制和管理，提高交通的机动性和安全性，最大限度地发挥交通基础设施的运行效率。交警信息系统平台主要由视频交通检测系统、车路通信系统等各类交通子系统组成，它的核心就是把各交通子系统有效集成起来，实现信息的互换、处理和利用，从而提供各种交通信息服务。

1．视频交通检测系统

视频交通检测系统通常由电子摄像机、图像处理机和显示器等部分组成。电子摄像机对道路的一定区域范围进行摄像，所得图像经传输线路送入图像处理机，图像处理机对图像信号进行模数转换和格式转换等，再由微处理器处理图像背景，实时识别车辆的存在和判别车型，由此进一步推导其他交通控制参数，在显示器端以图表形式显示交通流信息数据。图像处理机还可以根据需要，给监控系统的主控机、报警器等设备提供信号。监控中心可根据这些信号确定控制方式，并向执行机构发出控制命令。

视频图像识别是交通信息采集中应用较为广泛的技术之一，从功能应用上划分，大致包括车辆身份识别、物理车牌识别、车辆行为识别和交通信息识别等。

（1）**物理车牌识别**　物理车牌识别技术通过视频或图像抓拍的方式对物理车牌进行识别，从而实现对车辆身份的识别。物理车牌识别技术集中了先进的光电、计算机、图像处理、模式识别和远程数据访问等技术，对监控路面过往的每一辆机动车的特征图像和车辆全景图像进行连续全天候实时记录，计算机根据所拍摄的图像进行牌照自动识别。

物理车牌识别的工作原理为车辆通过监测区域时，检测装置将车辆的通过信号传送到图像采集设备，图像采集设备采集车辆图像，并将图像传送到计算机，再由计算机对车牌进行自动定位和识别，并将识别结果送至监控中心或收费处等应用场所。物理车牌识别系统的原理流程如图 6-12 所示。

（2）**车辆行为识别**　车辆行为识别的主要功能是从连续的视频图像中检测出运动的车

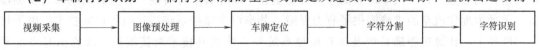

图 6-12　物理车牌识别系统的原理流程

辆目标,同时对提取出的运动车辆进行分类、跟踪和识别,在理想状态下,能对其行为进行理解和描述,达到异常检测和行为识别的目的。

(3) **交通信息识别** 基于视频图像处理的交通信息识别技术是近年来逐步发展起来的一种新型的车辆检测方法。它具有可一次检测多参数和检测范围较大的特点,使用灵活,具有良好的应用前景。

2. 车路通信系统

车路通信系统是基于车辆与路边基础设施的通信系统。当车辆驶入这些接入点的通信范围时,通信自动建立,车辆与路边基础设施之间的通信类似无线局域网,路边单元相当于无线局域网中的接入点。这种通信方式可以实现更大范围的信息共享,如接入互联网、电子收费等。在智能车路系统中,车路通信主要有以下四种数据传输方式:

(1) **路面设备收集路况信息并发送给车载终端** 路面设备可以用无线摄像头采集路口的交通状况,并发送给需要该信息的车载终端,或存储到服务器中等待终端提取;也可以利用现有的感应线圈采集交通拥挤情况,或者将该路面设备覆盖范围内的道路状况发送给该路段的终端以进行车路协调;甚至还可以采集该路面设备附近的便利店位置、加油站位置等信息等待终端提取。

(2) **路面设备存储数据等待车载终端提取** 在一个完善的智能车路通信系统中,必然拥有大量的车载终端需求的数据,由于数据量过大,可以将这些数据存储在路面设备中,待终端需要时进行现场提取。

(3) **路面设备中转车载终端发出的需要由路面设备中转的数据** 当多个车载终端在可通信范围外并且需要并行数据通信时,就需要路面设备具有中转这种数据的功能。

(4) **路面设备发布用于商业用途的信息** 智能车路通信系统是一个社会基础设施,完全可以由政府全力出资搭建,但在不影响该系统正常作业的基础上,也可以进行一些商业用途,如用路面设备广播附近娱乐设施的情况、宣传信息和广告等。

因此,实现车路通信系统连接就是实现道路与行驶汽车的联网。首先,将无线数字传输模块植入当前的道路交通信号系统中,数字模块可向经过的汽车发送数字化交通灯信息、指示信息和路况信息等,接收联网汽车的信息查询和导航请求,并将有关信息反馈给相关的联网汽车。同样,将无线数字传输模块植入联网汽车中,联网汽车就可以接收来自交通信号系统的数字化信息,并将信息显示于联网汽车内的车载终端上,同时还可将信息与车内的自动/半自动驾驶系统相连接,将其作为汽车自动驾驶的控制信号。另外,联网汽车的显示终端同时可作为城市道路交通导航系统来使用,联网汽车的数字传输模块包含联网汽车的身份识别信息,这是监控系统对汽车进行通信、监测、收费和管理的依据。

6.3.5 对接维护、维修信息系统平台

电子信息科技作为汽车现代化技术的一个重要组成部分,在现代汽车的主体构造中被频繁运用,相应地,针对汽车维修的检测设备也在不断完善。含有高科技方式的维修与检测设备,无疑为现代汽车的维修提供了有力保障。共享汽车监控系统通过电子诊断技术、电子仪表诊断技术、计算机管理系统及远程监控系统等系统及其技术对接维护、维修信息系统平台,提前预警诊断汽车故障,并在发生紧急事故后提供紧急救援。

1. 电子诊断技术

电子诊断技术在汽车维修行业中具有十分重要的实际应用价值。它不仅推动和提升了我国汽车维修行业的专业水平，大大延长了汽车的使用年限，为行车安全提供了保障，而且极大地加强了对汽车各项故障诊断的排查。电子诊断技术在汽车维修中的具体应用如下：

（1）对诊断汽车内燃机异响现象的应用　汽车内燃机的异响多表现为气门敲缸、主轴承异响及连杆小端活塞销与铜套之间的撞击声响等，由于这些异响都处在同一缸体内，很难准确地予以判断，这就需要借助电子诊断技术来对其进行确定。主要的诊断方法有增大异响振幅，通过放大的异响声音对其根源进行判断，根据异响声音的频率进行判断，其频率可以依靠信号接收器和阴极射线管的示波器获取，对异响进行信号分析与检测。

（2）对汽油机检测的应用　这主要是对汽油机综合性能分析仪的检测运用。通过汽车起动时瞬间产生的电压变化对可能存在的故障原因进行分析，并通过其峰值高低及振荡曲线变化，对汽车的起动系统状态和隐患进行排查。

（3）对汽车油样检测的应用　在实际对汽车的使用过程中，一些由表面摩擦而产生的金属粒会进入汽车的液压油或润滑油中。通过对这些金属粒的数量进行分析，就可以大致判断汽车内部机械的磨损状况。通过对这种机械磨损状况的判定，不仅可以检测出汽车当前内部机械的运行状态，还可以对故障的产生进行预测，以便采取相应的预防措施。其应用的主要技术是油液铁谱分析和光谱分析。油液铁谱分析是使用高强度磁场将汽车内部机械磨损产生的微粒分离出来，再通过对其数量、大小、外形的分析，对汽车内部机械部件的磨损状况予以掌握；光谱分析则是在加热、照射等情况下，对汽车内部机械磨损产生的微粒成分及数量进行分析并判定其状况。

（4）对汽车制动性检测的应用　目前，我国汽车制动试验台主要有两种：惯性式和反力式，其中以反力式最为常见。它主要是通过汽车蜗轮、蜗杆及链条传输驱动前后两排滚筒转动，以带动汽车轮胎转动；之后，给滚筒施加一个反向作用力，使杠杆产生位移，再通过力矩指示器控制仪表板的显示判断汽车的制动性。

2. 电子仪表诊断技术

汽车上有许多电子仪表由汽车内置计算机进行控制，具有一定的自检功能，一旦发出指令，电子仪表板的电子控制器就会对主显示装置进行全面检查。如果公共汽车出现故障，会给予不同的警示方式，使驾驶人得到警示。驾驶人从仪表板处得知系统出现故障及故障部位的故障码，便于利用故障码对汽车进行维修。驾驶人在确认仪表板上显示出故障后，应当及时进行检测。快速检测器可以发出各种传感器信号，快速指出故障部位。例如，在使用测试器时，向仪表板输入信号，仪表板显示正常，则说明故障问题应该位于传感器或者线路；如果显示器无法正常显示，可以先把测试器和仪表板直接相连，插到输入插座上，如果此时显示器显示正常，则说明故障位于线路和连接器，如果不显示，则说明仪表板存在故障。

计算机快速测试器可以对汽车燃料消耗和瞬时车速等信号进行模拟仿真，把测试器发出的信号输入维护-维修信息系统平台，从而可以对传感器、线束及显示装置进行检测，确保其正常工作。

用液晶显示仪表测试器对汽车进行检测，可以直接在仪表板上显示，还可以为仪表板和信号中心提供参照输入信号，直接反映信息中心的工作状况。液晶显示仪表测试器的测试目的是确保仪表板没有故障，并进行验证。

3. 计算机管理系统

通过计算机管理系统，可以对各个车辆的相关数据进行记录存储，并展开处理分析，甚至可以通过构建汽车模型，对汽车的性能进行推演，及时提醒用户进行汽车维修或者零部件保养，将汽车维修工作做在事前，尽量减少汽车安全事故。

通过信息化手段，可以构建高水平的维修技术，提升汽车维修的整体业务水平。例如，针对某品牌汽车，其发动机在维修工作方面需要注意的问题有排放控制、进气控制、点火控制、燃油喷射及故障自诊断等多个方面的内容。

通过信息技术优化维修手段，利用先进的信息化手段或仪器设备，对这些问题进行检测和生成故障处理方案，具有重大作用。

汽车还涉及防抱死制动系统、动力分配、车轴转矩、防盗系统、车窗控制及电子系统等多个方面的问题。在一些问题综合出现时，就需要依靠更加先进的技术展开维修工作。汽车故障诊断仪就是融合了信息技术的先进设备，其综合了远程诊断系统（Remote Diagnosis System，RDS）、移动 PC 及多功能诊断接口等部分，能够实现维修诊断、维修刷新及系统设置等不同方面的重要功能。维修诊断可以实现故障码清除、故障码读取、示波等作用；维修刷新可以实现模块重设、数据更新及模块编程等作用；系统设置可以实现在线更新、语言设置等作用。

通过信息技术构建汽车维修网络，将汽车的全部故障信息及处理方案录入其中，甚至可以将故障排查和处理的完整流程通过视频的方式进行展示，以此为汽车维修的实际工作提供可靠参考。不仅如此，还可以将汽车故障和处理的技术网络与用户实现对接，使用户能够通过技术网络对汽车出现的异常现象进行检查判定，进而做出正确的处理；甚至可以创设一对一专家指导服务，通过网络实现汽修专家与用户的一对一交流，使用户不用到维修场所就能够实现故障处理。

4. 远程监控系统

远程监控系统能够准确地定位车辆所在城市和具体位置的信息，一旦重要零部件出现故障，监控平台即刻显示故障发生的时间、地点及故障描述，由技术人员根据故障等级进行分析、做出判断并采取相应的处理措施。远程监控系统的主要理念是事前预警以及为事后故障排查提供数据支持，可以通过查询历史数据，分析事故发生时和发生前后驾驶人的操作意图及相关零部件的工作状态，最大限度地还原事故现场。事实上，远程监控系统更关注事故发生前的车辆和人员状况。

在出现一般故障时，远程监控平台检测到故障，若技术人员分析该故障可能引发严重事故，则会及时通知用户并采取有效措施，如停车、远离车辆、将车开到 4S 店等，避免发生严重事故。即便事故发生，也可以最大限度地保护人的生命和财产安全，使损失降到最低。

5. 紧急救援系统

紧急救援系统是一个特殊的系统，它的基础是先进的交通信息系统（Advanced Traffic Information System，ATIS）、先进的交通管理系统（Advanced Traffic Management System，ATMS）和有关的救援机构及设施。通过 ATIS 和 ATMS 将交通监控中心与职业的救援机构连成有机的整体，为道路使用者提供车辆故障现场紧急处置、拖车、现场救援、排除事故车辆等服务。

6. 安全运行维护

安全运行维护简称安全运维，是指对共享汽车监控系统维护、维修系统平台的安全运行进行检测及维护。安全运维要求在网络运维过程中做好技术设施安全评估、技术设施安全加固、安全漏洞补丁和安全事件应急响应等运维保障工作,及时发现并修复信息系统中存在的安全隐患,降低安全隐患被非法利用的可能性,并在安全隐患被利用后及时响应。安全运维工作包括以下内容:

1) 确保安全运维设计的信息系统和关键技术设施工作正常。

2) 执行首次技术设施安全评估,评估关键技术设施存在的安全隐患并进行安全排查。

3) 根据首次技术设施安全评估的结果,对安全技术设施进行技术加固。

4) 定期执行技术设施安全评估,针对评估所发现的安全隐患,提出改进建议,并指导系统管理人员进行安全加固。

5) 当主机或网络正遭到攻击或已经发现遭受入侵的迹象时,及时做出应急响应,分析事故原因并防止损失扩大。

6) 及时跟踪并提供安全漏洞和补丁信息或相应的安全建议;针对系统管理人员日常维护时发现、产生的安全技术问题提供咨询服务。

6.3.6 对接保险信息系统

共享平台的健康发展取决于安全保障,安全保障主要针对信息安全、出行安全及意外保险安全三个方面。

1. 信息安全

共享私家车车主的准入安全,通过对申请者的身份信息、驾驶记录和身体条件等资格进行审核,确保平台会员的准入安全。在大数据背景下,软件后台记录了大量驾驶人和乘客的个人身份和银行卡信息,一旦信息泄露或出现网络故障,将带来极大的负面影响和安全隐患。因此,汽车共享企业必须投入足够的技术和资金支持,做好自身的升级维护和安全维护,确保用户线上信息安全、线上交易流畅,及时发现并修复信息系统中存在的安全隐患,降低安全隐患被非法利用的可能性。

由于共享平台感知信息层的信息量种类繁多,通信方式也是多渠道的,要想确保监控系统海量感知信息的可靠获取,就必须有安全保障措施。基本的做法是建立可信支撑平台,对各类信息进行有效的分类处理。对同一类信息,可通过统一安全通用协议、加密和签名等技术进行安全保障;不同信息之间按照设备终端编号进行设备认证,同时对车辆的标识信息进行唯一性保障,防止克隆和重复使用等。通过可信支撑平台的作用,确保系统内数据不外漏,并保证网内各用户通过安全权限和认证体系进行通信。可信支撑平台包括可信接入平台和管理平台两部分,二者均部署在监控系统数据中心。可信接入平台实现信源认证、签名验证和完整性验证。管理平台负责对信源进行管理,如标识卡认证、密钥、算法初始化和用户信息输入。监控系统可信接入平台的功能具体如下:

1) 在传感器设备和基站数据中心之间,采用认证协议对传感器进行设备认证。该协议负责定时对传感器设备进行身份认证,确认传感器是否完好。

2) 在传感器设备和数据中心之间,建立数据签名和数据完整性验证(签名认证)协议。该协议负责对传感器采集的信息进行完整性验证,确认传感器采集的信息数据是否完整、可信(没有被篡改)。

3) 在传感器设备和数据中心之间,建立数据保密传输协议,该协议负责对传感器采集的信息进行加/解密，保证传感器采集的信息安全传输到数据中心基站设施实现系统信息的前端收集和转发，采用设备监控措施对基站系统性能、物理端口、服务端口和硬件运行状态等进行实时监控，出现问题及时上报和处理，保障基站系统的稳定性和可靠性。基于此，为了实现共享平台监控系统前端采集的车辆电子信息的安全传输，保障基站采集数据的完整性和一致性，需要对数据进行分析处理，并围绕数据中心，建立 IPSec（Internet Protocol Security，互联网安全协议）隧道加密技术体系，对监控系统基站采集的数据进行加密传输，防止数据被非法篡改和截获。另外，对于以无线方式传递信息的基站，应使用无线加密隧道上传无线基础信息数据。

另外，操作系统、数据库系统、应用系统和网络设备系统均不同程度地存在一些安全漏洞，这也是黑客攻击得手的关键因素。因此，应对运营数据中心网络系统、安全系统、操作系统、数据库系统和应用系统提供安全配置、补丁安装等服务，提高系统自身的安全防护能力。对系统自身安全漏洞进行修补，应采用终端管理补丁功能，实现智能化的安全漏洞修补。系统自身安全配置优化和设置需要采用人工加固方式进行安全加固。

2．出行安全

共享汽车通过汽车定位技术、导航技术、无线网络传输技术和行车记录仪等设备，从技术上确保车主和乘客的出行安全。如果发生事故，远程监控系统可以提供紧急救援服务。因为远程监控系统具备及时触发报警和定位功能，所以它可以在第一时间发现事故发生的时间和地点，并协助呼叫救援车辆、救援人员赶赴现场。同时，技术人员对上传监控平台的历史数据进行分析，可快速定位引发事故的源头，并协调安排离事故发生地较近的维修人员到事故现场解决技术问题。对于涉及设计缺陷引起的重大安全事故，远程监控系统能提供最直接的证据。

3．意外保险安全

共享汽车平台通过与保险公司合作，购买团体保险、座位险等险种或设立赔付基金，确保意外保险赔付。图 6-13 所示为车险信息系统平台。共享汽车网络的发展将采用一种"依

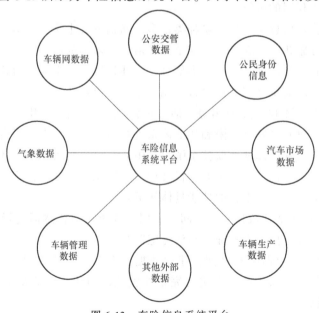

图 6-13　车险信息系统平台

靠资源、形成资源、凭借资源进行应用服务而获得经济效益"的可持续发展经济模式。其中,资源是指涉车信息资源。通过对共享汽车网络的需求类型分析和市场可行性分析可知,共享汽车应用平台系统的搭建应由用户、运营管理商、涉车消费单位、商业银行和信用担保中心五大载体组成。共享汽车系统涉及的涉车信息资源和涉车信息服务将由第三方(运营管理商)运营。

第7章　共享汽车的典型案例

7.1　国内共享汽车应用

7.1.1　EVCARD

国内的共享汽车行业随着互联网和共享经济对人们生活的改变应运而生，产生了一个又一个的汽车共享平台。但是由于种种原因，大部分汽车共享平台的发展并没有预期的那样顺利。目前，国内发展规模比较大的汽车共享平台之一就是上汽集团控股的 EVCARD。EVCARD 由上海国际汽车城新能源汽车运营服务有限公司出资，经过两年的市场调研和规划，EVCARD 于 2015 年在上海正式落户，第一批的市场启动是在上海设立了 50 个车辆投放网点，不到一年的时间，参与的会员就已经超过万人，到 2017 年，EVCARD 成为全世界最大的共享汽车品牌之一，注册用户数量近千万，运营的车辆超过 2500 辆，进驻了国内 40 余座城市。下面介绍 EVCARD 的运营模式。

1. 共享平台的设计

EVCARD 平台从成立到如今走向成熟，主要依赖以下方面的发展建设：

（1）平台建设　EVCARD 项目最初是在 2013 年由上海国际汽车城新能源汽车运营服务有限公司发起的。开始时车辆全部从上汽集团采购，但仅仅一年以后，在政府的帮助下，EVCARD 与上汽旗下的共享汽车公司合并，在 2016 年便由上汽集团控股，此后，EVCARD 的车辆便全部使用上汽的车辆，随着规模的扩大，慢慢加入了宝马、江淮、奇瑞的新能源汽车。技术上，EVCARD 一直有两大公司的支持，车辆和充电设施问题得到很好的解决。其中车辆方面由上汽集团负责，充电桩等基础的运营设施和平台 App 方面由上海国际汽车城新能源汽车运营服务有限公司负责。

（2）运行方式与定价　起初，EVCARD 使用的是基站式的运行方式，而其特色服务则是在信号不好的地方，除了使用 App 进行取车，还有专门的会员卡可供取车使用，增加了取车便利性。但是，基站式的运行方式显得不够智能。EVCARD 采用的是国内共享经济行业普遍使用的按时付费设置上限的方式，即每天上限收费时间为 6h，不同的车型每分钟收费 0.5~1 元不等，另外只需要在注册时支付一定的押金，支付手段基于国内的手机支付，显得尤为便捷。

（3）资金来源　资金对于 EVCARD 来说一直都不是问题，两大集团的支持使得该平台不仅在资源上不存在成本问题，并且凭借资金优势很快扩大了规模。

（4）平台业务　平台成立的第一年，车辆类型比较单一，随着上汽集团的投资加入，车型增加了，并且开始外购电动汽车，充电桩的服务也向非平台汽车提供。目前，EVCARD 不仅拥有解决短距离出行的纯电动汽车，还加入了混合动力汽车，能够满足超过 500km 的租借订单。除此之外，EVCARD 还打算引入私人车辆进行用户与用户之间的共享服务。多种业务类型也是 EVCARD 的一大优势。

（5）保险制度　EVCARD 在保险方面采用的是自愿方式，车辆损失险、第三者责任险、车上人员责任险三种保险同时存在，为用户的出行安全加大了保障力度。

2. 共享平台的运行

EVCARD 在实际运营中，管理力度和维护措施尚不够完善。或许是社会公众的相关意识不够，从共享单车出现的一系列问题就可以发现，不文明用车的现象也发生在 EVCARD 平台。国内一线城市的空间资源有限，造成了 EVCARD 在许多网点投放的车辆数量不足、停车位不够用、专用停车位被私人车辆占用的现象。另一方面，EVCARD 本身的管理维护不够也是一个重要的原因。此外，由于国内纯电动汽车技术还不够成熟，充电桩覆盖面比较小，用户必须提前计划好路程，不然可能会遭遇半路没电的尴尬问题。同时，EVCARD 各车型显示的剩余电量与现实可行驶里程可能存在一定差距，导致用户在行驶过程中无法准确把握剩余的行驶里程，从而也无法准确判断何时需要更换车辆或对其进行充电。

3. 平台的运营效果

目前，EVCARD 所采用的运营模式，从每辆车来看，每天被使用 4h 以上，净收入最低为 120 元，刚好达到收支平衡。根据目前 EVCARD 在国内的运营情况来看，依然逃脱不了大部分共享汽车企业亏损的现状。但是在政府和两大集团的支持下，EVCARD 仍然以很快的速度占领了市场，迅速成为国内共享汽车的最大平台。

7.1.2　杭州"微公交"

杭州"微公交"是 2013 年 9 月 15 日开始试运营的电动汽车分时租赁项目，运营商是浙江左中右电动汽车服务有限公司，车型全部为纯电动汽车。

1. "微公交"分时租赁系统

（1）"微公交"租赁系统的建设　康迪电动汽车集团有限公司由上海华普国润汽车有限公司（吉利汽车控股）和浙江康迪车业有限公司（康迪科技集团控股）合资成立，双方各占 50% 股份。该公司专门从事纯电动汽车的投资、研发、生产、营销等相关业务。而杭州"微公交"项目的运营商浙江左中右电动汽车服务有限公司是由康迪电动汽车集团有限公司参股成立的，其全权负责该项目的运营并承担收益和风险。该项目采用的车辆是由康迪电动汽车集团有限公司以融资租赁的形式提供的。初期投入以康迪小型电动汽车（K10）为主，后来又引入四座康迪 K11。该车的续驶里程市内一般为 60~80km，支持慢充和换电两种能源补给方式，每次充电需要 6~8h，基本能满足市民的单次出行需求。

该项目的充电设施主要采用充电立体车库和平面充电网点，其中充电立体车库采用租赁或委托建设的形式，平面网点充电设施采用自建的形式。截至 2017 年年底，"微公交"已先后在全国 20 余座城市投放 4 万辆汽车。

"微公交"自建 ICT（信息、通信、技术）系统，对整个分时租赁系统进行统一管理，主要负责能源管理、车辆调度和监控管理以及城市集群式租赁运营及应急处理和系统运营外延业务等。以上海华普国润汽车有限公司与浙江康迪车业有限公司为例，其"微公交"运营结构如图 7-1 所示。

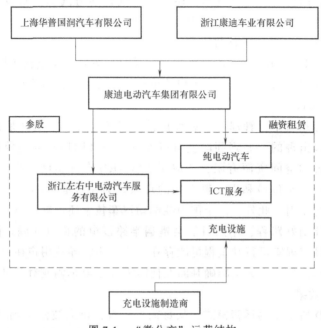

图 7-1 "微公交"运营结构

（2）"微公交"的租赁方式和定价 不同于 Autolib，"微公交"的租赁方式沿用传统租车企业的租赁方式，每个网点有专门的服务人员，使用者需携带本人身份证、驾驶证等证件到租赁网点签订租车合同，交纳一定数额的违章保证金，然后选择车辆，即完成租车过程。使用过程中按小时收取租金，该租金包括车辆使用、维修保养、保险及能源费用等。还车时可以根据自身需要选择任意还车网点，如果没有违章行为并且车辆完好，违章保证金会在还车后 5 个工作日内归还。

（3）"微公交"的资金筹集方式 "微公交"项目的总投资为 17120 万元人民币。该项目的投资主要来自康迪电动汽车集团有限公司、硅谷天堂资产管理集团和银行借款，其中银行借款 7000 万元人民币。

（4）"微公交"的其他业务设计 与 Autolib 一样，"微公交"不仅有分时租赁，同时还面向企业和个人推出长租模式。该模式的使用者首先要与浙江左中右电动汽车服务有限公司签订一个为期三年的租用合同，在三年内每年需交纳一定的租金和 3000 元押金。但是与 Autolib 不同的是，"微公交"项目的充电网点只为分时租赁用户服务，不能为长租用户提供充电服务。每个长租用户在签订合同时会领取一根充电线，可以利用家用电为电动汽车充电。

2. "微公交"分时租赁系统的运行

在租赁系统运行方面，"微公交"相对比较传统。在风险控制方面，"微公交"采用与传统租车企业类似的处理方式，就是每次租赁都要收取一定的保证金，但是这种方式势必导致租赁流程过于烦琐，不利于用户使用。在车辆调度方面，由于目前各网点的租赁情况冷热不均，加之网点数量较少、网点间距较大，在车辆调度方面投入的人力成本较高。虽然"微公交"在风险控制和车辆调度方面相对比较传统、成本较高，但是由于其车辆来源采用融资租赁的方式获取,资产相对较少,有利于其网点扩张。

3. "微公交"的运营效果

从项目预算来看,"微公交"项目总投资 17120 万元,以融资租赁形式购买 4000 辆纯电动汽车,固定资产投资预计 3000 万元,其中流动资金投资 14120 万元。经测算,假设项目参与运营的电动汽车有 4000 辆,包括广告收入、运营收入在内,每年可实现 15080 万元的营业收入,实现年利税总额 669 万元,投资利润率和内部收益率分别达 1.27% 和 1.63%。在这种情况下,项目初始投资需要 11.51 年收回。

7.1.3 易卡绿色租车

易卡绿色(北京)汽车租赁有限公司(简称易卡绿色租车)是北京较早从事电动汽车分时租赁的企业,成立于 2013 年 6 月 14 日,属于中国汽车报社。易卡绿色租车以分时租赁为主营业务,在北京市范围内,初期以海淀区为核心建设了包括清华科技园、牡丹园科技园、京仪科技大厦、北京理工大学、北京交通大学和清华大学等在内的 8 个大型纯电动汽车租赁网点,为市民提供租车服务。

1. 易卡绿色租车分时租赁系统

(1) **易卡绿色租车租赁系统的建设** 易卡绿色租车是由中国汽车报社发起、政府扶持、多方参与的纯电动汽车分时租赁项目。该项目采用的纯电动汽车为北汽 E150,由北京汽车股份有限公司提供。该车型为四座纯电动汽车,在电池充满情况下的续驶里程为 150km。易卡绿色租车的运营结构如图 7-2 所示。

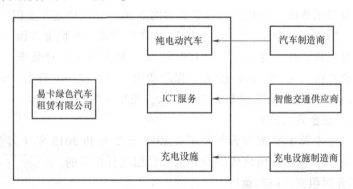

图 7-2 易卡绿色租车的运营结构

该项目的充电基础设施起初由国家电网免费提供,后改由北京伟杰海泰系统集成技术有限公司提供,原因是该公司不仅可以为其提供充电桩,还可以提供充电资源及车辆能源管理服务。

另外,易卡绿色租车采用 ICT 平台,由专业的智能交通服务公司提供。

易卡绿色租车目前还是沿用传统租车的租赁方式,用户只能到租赁网点进行租车。运营初期只能在同一网点借还车辆,不能实现不同网点间的租还车。易卡绿色租车的收费方式是按租赁时间段收取租金,起初是 2h 收取 59 元,自 2015 年起开始实行 1h 起租,4h 和夜租 99 元,白天 4h 以上的租赁按日租收费,即 159 元。

(2) **易卡绿色租车分时租赁系统的运行** 目前易卡绿色租车的运营系统仍不完善,每个网点独立运营。其缺点是由于无法实现异地还车,不利于开展时租,一定程度上会影响用户的选择,导致车辆利用率较低;其优点是不存在车辆调度问题,同时,由于每次租赁都严格按照租赁流程并交纳押金,车辆损失的风险较小。

2. 易卡绿色租车的运营效果

易卡绿色租车的租赁方式主要是日租,分时租赁的出租率相对较低,据调查了解,目前该项目的盈利情况尚不乐观。

7.1.4 悟空租车

悟空租车于2014年8月在北京成立,是一个同时提供燃油汽车和电动汽车分时租赁的平台,运营商是脚印兄弟(北京)信息科技有限责任公司。由于采用轻资产的运营模式,悟空租车的投入成本较低,目前发展速度相对较快。

1. 悟空租车的分时租赁系统

(1)**悟空租车分时租赁系统的建设** 悟空租车的运营商脚印兄弟(北京)信息科技有限责任公司的创立者是五位汽车行业及IT行业的资深高管和北大/清华MBA同学,所以依托其移动互联网技术优势,运营商主要专注于分时租赁系统平台的建设,并整合社会闲置车辆为用户提供分时租赁服务。

(2)**悟空租车的租赁方式和定价** 用户只需要花几分钟时间在App上注册、上传证件资料进行认证,即可以使用。在使用时,用户可以通过App进行在线选车、下单,然后到租赁网点向工作人员出示证件就可以把车取走,不需要交纳押金、签订合同等繁琐的租赁过程。悟空租车目前已实现在不同网点还车,用户只需在距目的地最近的网点还车即可。悟空租车区别于其他分时租赁的一点是,它可以提供网点5km范围内送车上门的服务。

在定价方面,悟空租车采用"租金+保险"的收费方式。在租金方面,时租为19元/h;日租根据不同车型定价不同,电动汽车为159元/天,燃油汽车针对豪华车和普通车设定不同的收费标准,收费区间为89~259元/天。保险费用方面,按小时计费,普通车为9元/h,豪华车为16元/h;按日收取,普通车为50元/天,豪华车为80元/天。

2. 悟空租车的资金筹集方式

悟空租车的资金来源主要依靠天使投资,2015年2月和2015年4月先后拿到累计近2000万元的天使融资,主要是由紫辉创投和金科君创进行投资的。

3. 悟空租车分时租赁系统的运行

在风险控制方面,悟空租车采用信用评级的方式对用户进行管理。用户注册后,系统可以直接将用户信息对接公安系统、车管系统、银联相关的数据公司及互联网征信平台等信用系统,从而对用户的信用等级进行评定,用户信用达不到合格标准的必须提供一定的担保才可以进行租赁,同时用户的信用评级也会随着租车行为情况不断进行动态升级。并且悟空租车采用了特殊的GPS系统来保证车辆安全。在市场定位方面,根据悟空租车管理层的描述,悟空租车致力于满足所有1h以上的租车需求,主要包括商务出行和自驾游等需求。

车辆管理方面,包括车辆调度和车辆接收、评估、维护等。在日常运营中,既要及时对各网点的车辆、停车位等信息进行监测,并根据需要做好车辆在各网点间的调度,又要投入较多人力为用户提供送车上门服务。在车源获取方面,运营商需要与一些租车公司进行合作,从而获取车辆的使用权。在此过程中,运营商需要对车辆的各方面进行评估、筛选,并负责日常的维护等工作。

4. 悟空租车的运营效果

悟空租车虽然成立时间比较短,但就目前的运营情况来看,发展速度较快。截至2021年,悟空租车已在400多个城市运营,覆盖几乎全部一二线城市,基本覆盖三线城市以及大部分四五线城市,拥有超过28000个服务网点,已经成为国内最大的互联网租车聚合平台之一。

7.2 国外共享汽车应用

7.2.1 Autolib

Autolib 是由巴黎市政府推动实施的电动汽车分时租赁项目,于 2011 年 12 月成立,由 Bolloré 集团负责运营。Autolib 最初由巴黎市政府提出,并于 2008 年 12 月公开招标运营,2010 年 6 月经过初选,选择了包括 Bolloré 在内的三家候选企业;同年 12 月,Bolloré 以能提供全方位的服务并保证低价租赁胜出,并于 2011 年 5 月 4 日签订协议,于 2011 年年中开始建设;同年 10 月到 11 月,该公司投入 66 辆电动汽车进行试运营,于 2011 年 12 月 5 日正式投入运营。截至 2012 年 6 月,已经有 650 个停车充电网点投入运营,到 2012 年年底,该项目在巴黎已有 710 个租赁网点和 5000 个充电桩。用户基数从 2011 年年末的 6000 人增长到 2012 年 7 月的 27000 人,到 2012 年 10 月初增长到 37000 人,其中 13000 人是年会员。截至 2018 年,该项目已有超过 4000 辆纯电动汽车投入运营,2018 年 4 月的用户数量达 153452 人。

1. Autolib 分时租赁系统

(1) **Autolib 分时租赁系统的建设** Bolloré 是一家以交通运输和物流为主营业务的集团企业,它通过与其他企业合作来为 Autolib 的运营提供服务。在车辆设计方面,Bolloré 与某知名电池制造商进行合作,研制出 Bluecar 纯电动汽车,该车型长 3.65m、四人座。其核心技术是新一代聚合金属锂电池,这是一种先进的干电池,充满后可供车辆在市区内行驶 250km,可在高速公路行驶 150km。该行驶里程对于面积仅有 $105km^2$ 的巴黎市来说完全能满足日常需求。另外,该电池的安全性能也非常优越,可以保证在 180℃高温时不起火,而通常采用其他技术生产的电池在 70℃时即有燃烧风险。在车辆生产方面,Bolloré 起初与意大利汽车设计制造商宾尼法利纳(Pininfarina)合作生产制造,2013 年 9 月宣布与法国制造商雷诺合作生产 Bluecar。该项目的充电设施由 Bolloré 自己提供,通过与电力供应商的合作形成充电网络。该充电网络不仅可以为 Bluecar 进行对接充电,充电设施还兼容其他品牌的电动汽车充电接口。每个租赁网点平均约有 7 个充电停车位,其中有一个是专为社会车辆提供充电服务的。Autolib 的 ICT 服务同样由 Bolloré 自己提供,通过 ICT 系统可以为用户提供预约车辆、预约停车位、了解周围网点情况、网上注册会员以及查找充电网点等服务。Autollib 的运营结构如图 7-3 所示。

(2) **Autolib 的租赁方式和定价** 18 岁及以上拥有法国驾驶证的公民或拥有异国驾驶证加国际驾驶执照的外籍公民都可以使用 Autolib 提供的电动汽车。用户需要通过网络或街边服务亭注册会员,注册后可以从任一网点提车,也可以到任一网点还车。每辆车都配有 GPS,可以被运营系统监控。会员需要交纳一定的会员费,该费用包括电费、保险、维修、保养以及停车费。车辆具体使用过程中还要按时间收取一定的使用费，按每半小时计费，另外如果发生事故还要收取一定的费用。

（3）Autolib 的资金筹集方式　Autolib 总共投入 15 亿欧元，其中，巴黎市政府投入 3500 万欧元，地方政府投入 400 万欧元。但是，这些政府投入会以土地占用费的名义在 12 年内收回。另外，2011 年，欧洲投资银行为其提供了 13 亿欧元的贷款，其余资金由 Bolloré 集团自筹。巴黎市政府针对该项目专门设立了一个监管部门，这些投入由该部门汇总补贴给运营商，同时运营商将土地占用费上交该部门，然后由该部门转交给各政府机构。Autolib 的资金流动如图 7-4 所示。

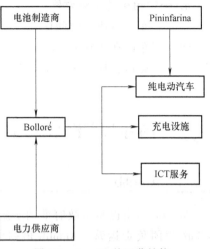

图 7-3　Autolib 的运营结构

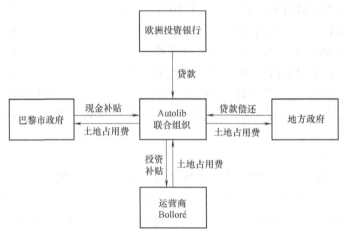

图 7-4　Autolib 的资金流动

（4）Autolib 的其他业务设计　Autolib 除了开展分时租赁业务，还通过提供私人车辆充电服务、私人长租和销售及企业长租获取收益。Autolib 可以为私人电动汽车或电动摩托车提供充电服务，私人电动汽车车主的会员费为每年 180 欧元、每月 15 欧元，电动摩托车为每年 15 欧元。每个车辆会被分配一个固定的充电停车位，每次充电时间不能超过 2h，电动汽车每超半小时会被收取 6 欧元，电动摩托车每超半小时会被收取 3 欧元，并且私人车辆每天最多只能充电两次。Autolib 的充电设施还兼容宝马、日产、雷诺等品牌的相关汽车。Bolloré 从 2012 年 10 月开始面向个人提供月租服务，每辆车的月租费用为 500 欧元，该价格包含了保险、停车以及利用 Autolib 充电网络充电的费用。另外，该集团从 2013 年 2 月开始零售 Bluecar。零售的 Bluecar 车主只需要每月交纳 15 欧元，就可以利用 Autolib 的充电网络进行充电。

Atos 和 Bolloré 集团于 2012 年 12 月合作推出了 MyCar 电动汽车共享项目，投入了 10 辆 Bluecar 为 Atos 总部 Bezon 的员工业务用车提供服务。这些车辆不仅可以用 Bezon 的太阳能充电网络进行充电，还可以利用 Autolib 的充电网络进行充电。根据巴黎市和 45 个周边市镇的公开数据显示，其部署的电动车辆已有 4000 辆，有 1000 多个自动停泊站，到 2018 年，订户已达 13 万人。

（5）保险制度　Autolib 在保险制度上，一方面是在所有的平台车辆上都装有专门与平台中心对接的 GPS，可以实时监测车辆的状况；另一方面，他们将车辆在使用过程中所发生的事故责任都加到用户身上，只要发生事故，用户都需要买单，并且在用户注册平台会员时，就需要支付一定的保险费用，这增加了用户的使用成本。

2. Autolib 分时租赁系统的运行

在进入运行阶段后，虽然平台所有的资源都是以外购形式获得，但是背后有法国各级政府为其出资。在初期，Autolib 几乎完全不存在资金周转的问题，在很短的时间内便占据了整个巴黎市场。同时，在初期规模不大的时候，Autolib 在日常的维护上投入了很大的人力，仅仅在巴黎地区，各个网点设置的维护人员和客服人员就有 1000 多名，同时还有大量的工作人员在运营中心对所有车辆进行实时监控，以保证整个地区的车辆能够平稳运转。

在资产运营模式方面，Autolib 整个分时租赁系统的建设资产全部采用购置方式取得。虽然这种方式会导致资产过重，但由于 Autolib 依托 Bolloré 的强大财力和技术优势及政府在建设方面的大力支持，其租赁网点迅速覆盖了巴黎市区及周边区域，为快速盈利奠定了基础。Autolib 在整个分时租赁系统中，在各租赁网点共投入 1500 名员工，以方便顾客咨询，另有 300 名员工驻守运营中心，24h 全天候监控车辆行踪。

在市场定位方面，Autolib 致力于为巴黎市区居民日常出行服务，所以其目标用户涵盖所有有短时出行需求的市区居民。

在风险控制方面，Autolib 的每辆车都装有 GPS，可以保证每辆车都通过运营中心进行监控。但现实中仍然存在一些无法控制的风险，如 2013 年 10 月 14 日，因为一辆电动汽车充电时起火导致蔓延，最终有 25 辆电动汽车被烧毁。但根据 Bolloré 发布的消息称，直至火灾发生前，监控系统并没有发现车辆电池失控的迹象，因此认为这次事故是由于外力破坏导致的。

3. Autolib 的运营效果

数据显示，尽管覆盖的人数不断增加、普及的范围更加广泛，Autolib 的车辆使用频率却不升反降。2015 年车辆使用频率达到过一个巅峰，随后便持续下降，到 2017 年已经降至了每天 2~3 次，根本无法覆盖每天高昂的成本。与此同时，日均运营时长也从十几小时降到 2017 年的 4.64h，每天车辆闲置时间达到 5/6。这绝对不是一个健康的运营模式。另外，在所有订单中，大额订单和夜间订单占比很低，一般只能满足市场上的碎片化需求，盈利效率不高。

随着 Autolib 推出时间的增长，在巴黎街头随处可见一些被蓄意破坏的共享电动汽车：车窗破损，车门变形，车内脏乱不堪……这些脏乱差的现象会极大地影响用户的满意度和使用率。同时，这些车辆的日常维护和清洁保养对公司来说也是一笔不小的支出。

可以说 Autolib 的前期投入是巨大的。政治上，政府从项目的发起到运行，不仅做出了许多正面的共享汽车宣传，还在资金上给予了很大的资助。而经济上，即使有各级政府的资助，Autolib 还向银行贷款了巨大的额度。Bolloré 集团董事长曾在 2012 年声称，预计 2018 年可以开始盈利。然而 7 年时间已过，用户数量也达到了 15 万人，盈利却依旧遥遥无期，反而亏损越来越多。自 2011 年开始运营至今，Autolib 项目总共已亏损近 3 亿欧元。Bolloré

集团承认，最终拖垮 Autolib 的不是车辆的制造或停车问题，而是日常运营，这对他们来说也是始料未及的。如同其他共享汽车公司一样，Autolib 也面临着难以解决的调度问题和高昂的研发费用，致使成本居高不下；同时，随着用户数量的慢慢增加，获得用户的成本也在逐渐上升，这对于入不敷出的 Autolib 来说负担也越来越重。最终，在 2018 年 6 月 21 日，巴黎市及周边地方政府撕毁了同 Autolib 的运营商 Bolloré 集团的合同，将不再为其高额的亏损买单。

7.2.2 优步（Uber）

优步（Uber）是全球著名的分享型互联网企业，依托大数据系统和独特的峰时定价方式，实现了资源的优化配置，解决了用户"打车难、打车贵、服务质量参差不齐"等问题。2014 年，优步（Uber）进军我国市场，其经营已经取得显著成效。尤其是融资方面，截至目前，优步（Uber）已进行了从天使轮到 E 轮的六轮融资，估值达 412 亿美元。其现金流出主要是对驾驶员、用户的各类奖励和补贴。虽然优步（Uber）当下总体仍处于亏损状态，但这并不影响市场对其高估值：市场预计优步（Uber）在 F 轮融资结束后，其估值将高达 500 亿美元。优步（Uber）作为国内外共享经济企业的典型代表，其通过"源创新"构建以用户与驾驶员为对象的两面市场，从平台型企业逐步发展以其为核心的共生商业生态。参考优步（Uber）的商业模式，除了解决用户需求、不断努力融资、挑选准确行业领域之外，还要坚持重视与解决下面五大问题：

（1）**重视供需关系的平衡**　在共享经济中、平台是企业赖以生存和未来盈利的重要因素，在平台之上做好供需关系平衡极为关键。如果供应方少于需求方，则用户体验不足；反之，则供应方的利益会受损。无论出现哪种情况，都会影响平台发展壮大。

（2）**在短期内获得用户信任**　缺乏用户的共享平台不可能做大，只有用户信任企业、愿意消费，才会继续参与到共享行为中，享受一对一的精准定制服务。这对企业实际的协调能力和管理能力提出了很高要求，并非单纯通过花钱扩大用户基数就能做到。

（3）**管理毛利润并对收入进行分配**　当企业拥有充分数量的用户之后，供需双方能够通过平台满足各自需求，企业随之产生了毛利润，这些利润来自供需双方向平台所支付的费用。为了平衡好三方利益，企业需要进行积极的价格测试，即找到最合理的价格浮动范围。这样，在保证企业收入的同时，又能够让供需双方都获得在传统渠道或平台上无法获得的利益补偿。

（4）**始终注意用户数量**　用户数量是关键标志，它决定了"优步（Uber）+"类型创业企业能否提供良好质量的平台，能否留住越来越多的用户，也是用来预测企业收入和增长速度的重要指标。重要的是，用户数量更意味着创业团队能够获得怎样的融资份额。想要吸引用户，并让他们长期停留于平台，就要以适当的形式加强市场营销推广力度，提高销售服务质量和整个平台团队合作能力，以此提高用户和供应方之间的联系，加深参与度和满意度。这样，企业就能提升供需双方对整个平台的忠诚度和黏性。

（5）**积极发现共享经济下企业经营要素之间的联系**　企业应积极发现共享经济下经营要素之间的联系，从而在竞争中取得先手优势。这些要素或许并非行业传统的重点，却已经影响到用户生活的方方面面。

1）平台思维。越来越多的"独角兽"（高估值创业企业）在运用平台模式盈利。在我国，滴滴快的、小米科技等也同样在使用平台模式打造共享圈。从某个角度来看，共享圈就是生态圈，在各自共享圈内拥有平衡权的企业，能在未来主导各自的行业，这已经是不争的事实。在许多传统行业中，企业面对的价值链太长，信息向用户传递太慢，反应速度慢、沟通复杂；而打造平台之后，能够做到充分压缩产业链，形成去中间化效应，让供需双方直接对接，信息可以自由流动。

2）个性化思维。传统企业强调产品的标准，过于明确品牌的定位，缺乏个性特点。相反，优步（Uber）并不急于告诉每个人可以从中得到什么。今天可以是优步（Uber）的驾驶员，明天又可能成为优步（Uber）的乘客，后天又会在家点优步（Uber）送来的冰淇淋……在已经打造好的成熟平台上，企业应该尽量强调丰富性和多样性，推翻之前缺乏个性化的大规模生产模式。

3）跨界思维。优步（Uber）是出行服务企业，也是掌握大数据的企业，还能与百度这样的互联网企业、万科这样的房地产企业联手。这种做法让行业之间的边界变得模糊，跨界进行挑战和颠覆的事例屡见不鲜。传统企业要懂得利用手中平台所形成的生态圈，进行跨界作战，通过与其他行业之间的资源整合，挖掘新功能的亮点，向用户提供整体解决方案。

事实上，这些思维并不属于优步（Uber）这家公司，它们属于移动互联网浪潮带来的必然改变。遵循改变，在意识上理解共享经济模式，企业家才会成为永不落伍者，并带领企业迈向下一个战场的制高点。

7.2.3 Lyft

Lyft（来福车）由约翰·齐默（John Zimmer）和罗根·格林（Logan Green）于2012年创立。2015年9月，滴滴出行与Lyft建立合作关系。2015年12月，Lyft获得2.477亿美元融资。2016年1月，Lyft宣布公司会与通用汽车合作开发无人驾驶汽车。2016年7月，Lyft推出名为"Premier"的高端专车，面向美国旧金山湾区、洛杉矶和纽约市。2018年10月，Lyft收购AR云平台开发商Blue Vision Labs。2019年3月，Lyft递交IPO上市申请。3月29日，Lyft登陆纳斯达克证券交易所。

Lyft成立第三年时，市场估值已经超过了优步（Uber）成立第三年时的估值，发展速度也超过了当时的优步（Uber），赶超势头很猛。2006年，还是大学生的齐默萌生了这样一个想法：把社会上的零散车辆资源通过众筹的方式聚集起来，为交通资源提供供给。大学毕业后，齐默开始实践自己的想法，与罗根·格林共同创办了长途拼车应用Zimride，重视资金使用效率。2012年，Zimride推出Lyft，通过手机应用把私家车聚集起来，提供移动共享出行。由于Lyft的迅速发展，齐默和格林将Zimride的资产出售给Enterprise，把精力集中在Lyft上。Lyft在其总部旧金山的市场份额为40%，在得克萨斯州首府奥斯汀的市场份额为50%。

截至2016年1月，Lyft已累计完成超过20亿美元的融资。手持大量资金的Lyft并没有将资金投入到海外市场扩张，而是继续在美国本土精打细做。在服务用户境外用车需求的方式上，Lyft选择"结盟"的方式进行。例如，在中国打开Lyft，将能招到滴滴的驾驶员为Lyft用户提供服务；在东南亚地区和印度的服务分别由Grab和Ola提供。Lyft同时拥有来自美国、中国、俄罗斯、日本等的股东。

在Lyft的F轮融资中，通用汽车向Lyft投资5亿美元，同时双方将在面向Lyft驾驶员的汽车租赁服务和无人驾驶汽车方面进行合作。Lyft和通用汽车正共同在美国境内成立一些汽车租赁中心，向未拥有汽车但希望为Lyft服务的驾驶员提供支持。通用汽车和Lyft宣布，将合作开发像Lyft那样，能够让消费者招之即来的无人驾驶汽车。双方表示，两者的合作基于对自动驾驶汽车的共同认知，自动驾驶汽车未来将应用于共享领域。无人驾驶技术的落地，首先会是在滴滴和Lyft这样的网络平台上，通用汽车有望在未来推出一款专门为Lyft打造的无人驾驶汽车。未来的交通生态将由三个核心部分组成：以Lyft、滴滴等为代表的交通网络公司提供网络及供需双方的匹配等技术，汽车制造商提供"硬件"，以及软件层面的内容。

参 考 文 献

[1] COCCA M, GIORDANO D, MELLIA M, et al. Free floating electric car sharing design: data driven optimisation [J]. Pervasive and Mobile Computing, 2019, 55: 59-75.

[2] ÇALIK H, FORTZ B. A Benders decomposition method for locating stations in a one-way electric car sharing system under demand uncertainty [J]. Transportation Research Part B, 2019 (125): 121-150.

[3] MATTIA G, MUGION R G, PRINCIPATO L. Shared mobility as a driver for sustainable consumptions: the intention to re-use free-floating car sharing [J]. Journal of Cleaner Production, 2019, 237 (10): 117404.1-117404.10.

[4] Ding N, Pan J J, Zhang Z, et al. Life cycle assessment of car sharing models and the effect on GWP of urban transportation: a case study of Beijing [J]. Science of the Total Environment, 2019, 688: 1137-1144.

[5] SPREI F, GINNEBAUGH D. Recent studies from chalmers university of technology add new data to energy efficiency: unbundling cars to daily use and infrequent use vehicles the potential role of car sharing [J]. Energy Weekly News, 2018, 11 (6): 1433-1447.

[6] EYSTER G. Seattle's Sound Transit Saves $2-Million Via Car Sharing [EB/OL]. http://www.americancity and country.com/2019/04/02/seattles-sound-transit-saves-2-million-via-car-sharing/.

[7] 吴敬敬. 共享汽车运营模式选择研究 [D]. 北京: 北方工业大学, 2019.

[8] 王宁, 郑文晖, 刘向, 等. 基于用户激励的共享电动汽车调度成本优化 [J]. 同济大学学报 (自然科学版), 2018, 46 (12): 1668-1675, 1721.

[9] 佚名. 汽车共享出行模式多元化 制造商与平台并驾齐驱 [J]. 变频器世界, 2018 (11): 47.

[10] 庞祺文, 程杰. 共享汽车保险市场需求及产品设计 [J]. 合作经济与科技, 2019 (1): 138-140.

[11] 翟恩婷, 程杰. 共享经济背景下汽车保险的发展趋势 [J]. 内蒙古科技与经济, 2018 (24): 36-38.

[12] 李佳颖, 陈炯, 张学友. 共享电动汽车的充放电协调控制 [J]. 电力系统及其自动化学报, 2018, 30 (12): 105-111.

[13] 谢智伟. 共享汽车运营模式及发展前景探索 [J]. 科技经济导刊, 2019, 27 (5): 216-217.

[14] 杨军, 林洋佳, 陈杰军, 等. 未来城市共享电动汽车发展模式 [J]. 电力建设, 2019, 40 (4): 49-59.

[15] 周正. 浅谈共享汽车行业现状及未来发展趋势 [J]. 山东工业技术, 2019 (11): 199-200, 128.

[16] 徐慧亮. 共享汽车保险理赔问题探析 [J]. 现代商贸工业, 2019, 40 (17): 144-146.

[17] 卢丽娜. 我国共享汽车的发展现状与问题浅析 [J]. 福建商学院学报, 2019 (2): 70-73.

[18] 陈镇东, 秦坤, 刘凯勋. 基于遗传算法的共享汽车站点选址布局及优化设计 [J]. 江苏科技信息, 2019, 36 (14): 39-41.

[19] 陈佳佳. 共享管理模式促进汽车研发团队效率的研究 [J]. 时代汽车, 2019 (9): 12-13.

[20] 陈轶嵩, 赵俊玮, 刘永涛. 面向未来智慧城市的汽车共享出行发展战略 [J/OL]. 中国工程科学, 2019, 21 (3) 114-121 [2019-07-17]. http://kns.cnki.net/kcms/detail/11.4421.G3.20190530.1400.002.html.

[21] PIELEN M, WOLFFK, LÜDIGER T. 用于共享汽车的城市车辆方案 [J]. 范明强, 译.汽车与新动力, 2019, 2 (3): 20-23.

[22] 戴升宝. 共享汽车亟需动态监管 [N]. 济南日报, 2019-07-03 (B02).

[23] 冯京晶. 如何避免共享汽车交通事故的法律风险 [N]. 经济参考报, 2019-02-20 (008).

[24] 王宁, 张文剑, 刘向, 等. 电动汽车共享站点间车辆人工调度策略 [J]. 同济大学学报 (自然科学

版），2018，46（8）：1064-1071.
[25] 薛庆辉．浅析共享汽车租赁的法律问题及其完善建议［J］．法制博览，2018（22）：25-26.
[26] 纪雪洪，吴敬敬．分时租赁在国内的兴起与发展［J］．汽车与配件，2018（24）：46-48.
[27] 李静．共享汽车主流模式及发展趋势［J］．汽车与配件，2018（23）：54-55.
[28] 李梦楠，曾子芯，沈子乔．共享汽车发展的主要模式和分类模型［J］．现代商业，2018（23）：39-40.
[29] 王瑞．共享汽车行业和谐发展的SWOT分析［J］．企业科技与发展，2018（9）：23-24.
[30] 周谧，卢利霞．纯电动汽车与传统燃油汽车的生命周期成本评估［J］．财会月刊，2018（19）：62-68.
[31] 前瞻产业研究．2018年新能源汽车五大发展趋势分析［J］．电器工业，2018（10）：54-56.
[32] 张琪，王丹．"互联网+"时代下共享汽车品牌EVCARD的运营策略分析［J］．中国市场，2018（33）：129-131.
[33] 杨蕴敏．汽车共享的社会效益与环境效益分析［J］．科教文汇（上旬刊），2018（12）：191-192.